Selbsterfahrungsspiele für Jugendliche und
Erwachsene

Edition Psychologie und Pädagogik

Jürgen Fritz

Selbsterfahrungsspiele

für Jugendliche und Erwachsene

Matthias-Grünewald-Verlag · Mainz

Illustrationen von Knut Junker (S. 19, 22, 26, 33, 40, 43, 44, 46, 52, 56, 58, 61, 64, 66, 74, 81, 82–83, 84, 96, 98, 102–103, 104), Heidrun Schwark (S. 79) und Tim Sylvester Weiffenbach (S. 20)

Die Deutsche Bibliothek – CIP-Einheitsaufnahme

Fritz, Jürgen:
Selbsterfahrungsspiele für Jugendliche und Erwachsene / Jürgen Fritz. [Ill. von Knut Junker ...]. – Mainz: Matthias-Grünewald-Verl., 1997
 (Edition Psychologie und Pädagogik)
 ISBN 3-7867-2036-3

© 1997 Matthias-Grünewald-Verlag, Mainz
Das Werk einschließlich aller seiner Teile ist urheberrechtlich geschützt. Jede Verwertung außerhalb der engen Grenzen des Urheberrechtsgesetzes ist ohne Zustimmung des Verlags unzulässig und strafbar. Das gilt insbesondere für Vervielfältigungen, Übersetzungen, Mikroverfilmungen und die Einspeicherung und Verarbeitung in elektronischen Systemen.

Umschlag: Harun Kloppe, Mainz, unter Verwendung einer Zeichnung von Knut Junker
Druck und Bindung: Wagner, Nördlingen

ISBN 3-7867-2036-3

SICH UND ANDERE SPIELEND ERFAHREN

Selbsterfahrungsspiele für Jugendliche und Erwachsene

Ziel dieses Buches ist es, Spiele vorzustellen, die einen besonderen Aspekt des sozialen Lernens berühren: die Selbsterfahrung im Spiegel anderer Menschen. Was ist damit gemeint? Ich erfahre etwas über mich, wenn ich Rückmeldungen über meine geäußerten Gedanken und Erfahrungen bekomme und mein Verhalten in seinen Wirkungen auf andere für mich bewußt gemacht wird. Dazu kann es sinnvoll sein, spielerisch angelegte Lernsituationen zu schaffen, in denen man sich gefahrlos riskieren kann. Grundvoraussetzungen für solche Selbsterfahrungsspiele sind:

- Gruppengrößen, in denen Selbsterfahrungen im Spiegel anderer Menschen überhaupt möglich sind. Optimal wären Gruppen zwischen 8 und 20 TeilnehmerInnen;
- die Bereitschaft (und Fähigkeit) der Gruppenmitglieder, voneinander zu lernen und das Interesse, etwas über sich und die anderen Mitglieder zu erfahren; d.h. auch: Freiwilligkeit bei der Teilnahme;
- ausreichend Zeit. Notwendig wären mindestens 90 Minuten, die an einem Stück für die Selbsterfahrungsprozesse in der Gruppe jeweils zur Verfügung stehen;
- günstige räumliche Gegebenheiten, also einen ruhigen, von seiner Größe auf die Anzahl der TeilnehmerInnen abgestimmten Raum;

- eine relativ entspannte Gesamtsituation ohne erheblichen Zeitdruck und ohne allzu starke Belastungen;
- ein Leiter oder eine Leiterin mit pädagogischen Erfahrungen in der Leitung von Gruppen. Besonders günstig wäre ein Leitungsteam, das sich aus einer Frau und einem Mann zusammensetzt.

Das Lernziel der hier vorgestellten Selbsterfahrungsspiele ist die Empathie. Was meint dieser Begriff? Unter „Empathie" versteht man die menschliche Fähigkeit, sich emotional auf andere einzustellen, zu erkennen, was ein anderer Mensch empfindet.[1] Empathie ist also das Vermögen, an seinen eigenen Gedanken und Gefühlen nachzuempfinden, wie einem anderen Menschen zumute ist.[2] Durch Nachahmung der Körpersprache eines Gegenübers können bereits Kinder die damit verbundenen Gefühle an sich selbst spüren und so verstehen, wie es dem anderen geht. Später verknüpfen sie situative Kontexte und Werthaltungen mit speziellen Gefühlen und erlangen so die Fähigkeit, sich in die Situation eines anderen Menschen gefühlsmäßig hineinzuversetzen und erwerben so ein Repertoire von empathischen Reaktionen. In der späteren Entwicklung gelingt es ihnen dann, die Situation ganzer Gruppen von Menschen empathisch nachzuempfinden und daraus Aspekte des moralischen Urteilens und Handelns zu gewinnen.

Kern der Empathie ist die Beachtung und später die Achtung des menschlichen (und auch des nichtmensch-

---

[1] Vgl. Goleman, Daniel: Emotionale Intelligenz, Carl Hanser Verlag, München und Wien 1996, S. 127.
[2] Auch die Empathie mit einem anderen Lebewesen – einem Delphin, einer Katze, einem Hund – kann ein neues Maß an Aufmerksamkeit ausbilden wie auch das Selbstgefühl bereichern und erfüllen. Vgl. Bateson, Gregory und Mary: Wo Engel zögern. Unterwegs zu einer Epistemologie des Heiligen, Suhrkamp Verlag, Frankfurt 1993, S. 276.

lichen) Gegenübers. Sie drückt sich aus in der Beachtung der Rechte des anderen, der Achtung seiner körperlichen und psychischen Integrität, dem Schutz seiner Würde und seines Lebens. Im Satz: „Was du nicht willst, daß man dir tu', das füg' auch keinem anderen zu" sind Empathie, Achtung und Moral in einer einsichtigen Weise miteinander verschränkt.

Im Phänomen des Mitleids zeigt sich die Empathie in einer sehr intensiven Weise. Ganz unmittelbar, von allen anderweitigen Rücksichten unabhängig, nehme ich am Leiden einer anderen Person teil und spüre die Tendenz in mir, meinen Teil an der Verhinderung oder Aufhebung dieses Leidens zu tun, und empfinde, daß darin alle Befriedigung und alles Wohlsein und Glück besteht. „Dieses Mitleid ganz allein ist die wirkliche Basis aller freien Gerechtigkeit und aller echten Menschenliebe. Nur sofern eine Handlung aus ihm entsprungen ist, hat sie moralischen Wert: und jede aus irgendwelchen anderen Motiven hervorgehende hat keinen. Sobald dieses Mitleid rege wird, liegt mir das Wohl und Wehe des anderen unmittelbar am Herzen, ganz in der selben Art, wenn auch nicht stets in dem selben Grade, wie sonst allein das meinige: also ist jetzt der Unterschied zwischen ihm und mir kein absoluter mehr."[3] Insofern löst sich die Trennung von Selbsterfahrung und Fremderfahrung tendenziell auf: Der Mensch vermag im anderen unmittelbar sich selbst, sein eigenes Wesen und seine Handlungsmotive wiederzuerkennen. „Ich werde am Du; Ich werdend spreche ich Du. Alles wirkliche Leben ist Begegnung."[4]

Bereits Vorschulkinder sind, in begrenztem Maße, in

---

[3] Wilber, Ken: Eros, Kosmos, Logos, Krüger Verlag, Frankfurt 1996, S. 359.
[4] Buber, Martin: Das dialogische Prinzip, Verlag Lambert Schneider, Heidelberg 1973, S. 15.

der Lage, dem Standpunkt eines anderen Rechnung zu tragen, sie zeigen Einfühlungsvermögen gegenüber der Situation ihres Zuhörers. Voraussetzung für dieses Maß an Empathie ist, daß die Situationen, vor die die Kinder gestellt werden, bestimmten grundlegenden Absichten und Handlungen der Menschen entsprechen und daher allgemeinverständlich sind.[5] Die Entwicklung dieser für das menschliche Zusammenleben notwendigen empathischen Fähigkeiten hängt stark davon ab, wie Eltern mit ihren Kindern umgehen und ihnen durch ihr Verhalten Modell für empathisches Verhalten sein können. Durch empathische Eltern erfährt das Kind, daß seine Emotionen aufgenommen, akzeptiert und erwidert werden. Kommt es nicht zu dieser „Abstimmung" zwischen Eltern und Kind, können erhebliche psychische Beeinträchtigung in der Entwicklung der eigenen empathischen Fähigkeiten die Folge sein. Wir benötigen existentiell den uns empathisch zugewandten Menschen. „Wir können uns nicht sehen, wenn wir uns nicht in unseren Interaktionen mit anderen sehen lernen und dadurch, daß wir die anderen als Spiegelungen unserer selbst sehen, auch uns selber als Spiegelung der anderen sehen. (…) Wir machen uns ein Bild von ihnen und genießen ihre Gesellschaft. Liebe ist nicht blind, weil sie nicht negiert; Liebe akzeptiert und ist daher visionär."[6]

Die in diesem Band enthaltenen 44 Spiele[7] bieten Erfahrungssituationen, in denen wir selbst und die anderen zu Spiegeln werden, um uns im anderen zu erfah-

---

[5] Donaldson, Margret: Wie Kinder denken, Piper Verlag, München und Zürich 1991, S. 28ff.
[6] Maturana, Humberto R.: Kognition; in: Schmidt, Siegfried J.: Der Diskurs des radikalen Konstruktivismus, Suhrkamp Verlag, Frankfurt 1987, S. 117.
[7] Die Spiele sind der „Mainzer Spielkartei" (Matthias-Grünewald-Verlag, Mainz) entnommen worden.

ren. Von ihren kognitiven und sozialen Anforderungen her sind die Spiele für ältere Kinder und Jugendliche geeignet. Die Spiele beziehen sich auf unterschiedliche Erfahrungssituationen und fördern unterschiedliche Teilbereiche der empathischen Fähigkeit. Ausgehend von den eigenen Erfahrungshintergründen über die Erfahrung von Partnern und ihrem Verhalten geht es dann darum, sich im Spiegel der anderen zu erfahren, sich in andere hineinzuversetzen und schließlich Selbsterfahrungen im Kontext der Gruppe zu machen. Insgesamt handelt es sich um 6 Bereiche mit unterschiedlichen Möglichkeiten und Schwierigkeiten, die wir uns jetzt etwas genauer ansehen wollen.

1. Von sich erzählen

Kenntnisse über die jeweiligen Menschen sind eine wichtige Grundlage für empathisches Verhalten. Nur wenn ich Wichtiges über den mit mir verbundenen Menschen weiß, kann ich nachempfinden, wie ihm zumute ist. Meine Kenntnisse über einen anderen Menschen erlauben es mir, dessen Gefühle und Verhalten richtig einzuschätzen und zu verstehen, warum er dieses Gefühl entwickelt oder so gehandelt hat. Ein erster Weg, etwas über einen Mitmenschen zu erfahren, ist das Gespräch. Anstelle einer häufig zwangvoll wirkenden Gesprächsrunde könnte man Gesprächsanlässe auch durch Spiele schaffen, die auf die Fähigkeiten, Interessen und Möglichkeiten der Gruppenmitglieder abgestimmt sind.
Insgesamt 9 solcher Spiele enthält dieser Band. Am Anfang können Spielangebote stehen, in denen die Gruppenmitglieder anhand von Fotos und Bildern ins Gespräch kommen (z.B. „Alte Zeiten" und „Reise in

die Erinnerung"). Spiele dieser Art nutzen die Möglichkeit, anhand von Assoziationen und Erinnerungen sich anderen mitzuteilen.

Eine andere Gruppe von Spielen nutzt den symbolischen Gehalt von Gegenständen. Mit Hilfe solcher Gegenstände ist es möglich, in indirekter Weise wichtige persönliche Aspekte der Gruppenmitglieder kennenzulernen. Dabei kann es sich sowohl um eigene persönliche Gegenstände handeln („Bericht eines persönlichen Gegenstandes") als auch um symbolisch bedeutsame Fundstücke („Lebenssymbole" und „Übereinstimmungen").

Einen zusätzlichen Reiz gewinnen Spiele, wenn die Symbole in einen Prozeß mit anderen einbezogen werden. Ein Spiel wie „Wasserverbindungen" benutzt ein Symbol (gefülltes Wasserglas) als Impuls, um über eigenes Verhalten in bezug auf andere Gruppenmitglieder und über Erlebnishintergründe zu sprechen.

Im gemeinsamen Tun, bei kooperativ zu lösenden Spielaufgaben entstehen häufig Situationen, in denen man über die anderen (und auch über sich selbst) sehr viel erfahren kann. So geht es beispielsweise bei dem Spiel „Trauminsel" darum, in verschiedenen Kleingruppen gemeinsam den Lageplan einer Trauminsel zu entwickeln, auf der sich alle wohlfühlen. Der Kooperationsprozeß, aber auch das anschließende Gespräch mit den Mitgliedern der anderen Kleingruppen bieten vielfach sehr tiefgreifende Möglichkeiten, etwas über sich mitzuteilen und andere Gruppenmitglieder kennenzulernen. Eine ähnliche Dynamik kann sich aus dem Spiel „Zauberladen" entwickeln.

2. PartnerInnen im Spiel erfahren

Erzählen ist das eine, handeln das andere, um etwas über sich und die anderen Gruppenmitglieder zu erfahren. Bei den 5 Spielen dieses Bereichs geht es darum, das gemeinsame Spiel mit PartnerInnen als Möglichkeit zu nutzen, etwas über das Verhaltensspektrum der anderen Person zu erfahren. Da man im Spiel sehr eng mit dem anderen verbunden ist und weil man sich über das Spielgeschehen hinterher austauscht, ist mit der Fremderfahrung (des Mitspielers oder der Mitspielerin) die eigene Selbsterfahrung verbunden.

Bei den meisten Spielen dieser Gruppe steht eine ungewöhnliche spielerische Tätigkeit im Mittelpunkt, bei der auf einer spürbaren Ebene das Miteinander gefordert ist. Dies gilt sowohl für „Angestiftet" als auch für „Bild zu zweit". Einen zusätzlichen Reiz bieten Spiele, bei denen der Sehsinn ausgeschaltet ist, so z.B. „Blindformen" und „Blindbild".

Auf einer anderen Ebene liegt das Spiel „Sklavenhalter", das die Möglichkeit bietet, autoritäres Gebaren und Unterwürfigkeit spielerisch auszuleben und daran eigene und fremde psychische Strukturen zu erfahren.

3. Etwas über sich erfahren

Sind Menschen zusammen, stimmen sie ihr Verhalten oft spontan und in der Regel ohne viel nachzudenken „automatisch" aufeinander ab. In diesem Prozeß des Aufeinanderabstimmens erfahren die Beteiligten, welche Wirkung ihre Person und ihr Verhalten auf den Partner haben. Die Mitteilung über die Wirkung kann dabei in offener oder versteckter, in direkter oder indirekter Form erfolgen, beabsichtigt oder unbeabsichtigt sein. Von der Form der Mitteilung hängt es ab, ob die Beteiligten die Wirkung ihre Verhaltens zutreffend erfassen und ob sie Einblicke in die Ursachen dieser Wirkung erfahren.

Die offene Form der Rückmeldung über die Wahrnehmung fremden Verhaltens und die Beschreibung der Wirkung dieses Verhaltens auf die eigene Person nennt man „Feedback". Das Ausbilden empathischer Fähigkeiten hängt auch davon ab, angemessenes Feedback zu erhalten und zu lernen, hilfreiches Feedback zu geben. Ein solches Feedback ist in realen Lebenskontexten vermutlich immer noch selten. Das hängt zum einen damit zusammen, daß ein solches Feedback ungewöhnlich wirkt und ihm der Charakter des „Künstlichen" anhaftet. Zum anderen kann ein Feedback in den „ritualisierten" Umgangsformen der Berufs- und Freizeitwelt starke Irritationen hervorrufen. Feedback wirkt hier häufig unangebracht und dysfunktional, so daß Ängste bei denen entstehen, die Feedback geben wollen. Das ist schade, weil über Formen eines (expliziten) Feedbacks Ansätze zu einem empathischen Verhalten verstärkt werden können.

Hier schaffen nun spielerische Angebote zum Feedback neue Chancen, etwas über sich zu erfahren. Insgesamt 46 Spiele wurden für dieses Buch zusammengetragen. Einen ersten Zugang vermitteln Spiele, in denen der spontane Eindruck zum konkreten aktuellen Verhalten zurückgemeldet wird. Dabei kann es sowohl um wahrgenommene Gefühle gehen („Beweg' dein Gefühl") als auch um komplexere Eindrücke („Erster Eindruck"). In diesen Spielen erfahren die Beteiligten, was an ihnen wie wahrgenommen wird.

Bei einer größeren Teilgruppe an Spielen geht es um eine Art „symbolisches Feedback". Der Gesamteindruck einer Person bzw. das sie besonders Charakterisierende wird durch ein Symbol oder durch einen Vergleich ausgedrückt („Unter einen Hut gebracht" und „Tierquiz"). Ein solches Gesamtfeedback bietet sich häufig zum Abschluß einer längeren Lernsequenz an und könnte dann die Form eines Geschenks annehmen („Wortgeschenke" und „Geschenkt").

Feedbacks, zumal im Rahmen von Spielangeboten, sollten nicht „bierernst" ausfallen, sondern (bei aller Ernsthaftigkeit) den Charakter von Spaß und Spiel nicht verlieren. Symbolische Feedbacks mit lustigen Einkleidungen bieten eher die Chance zum Lernen und zur produktiven Auseinandersetzung mit dem Fremdbild als knochentrockene Rückmeldungsrituale. Von daher sind Spiele wie „Heiratsanzeige" und „Wanted" auch dann geeignet, wenn das soziale Lernen in der Gruppe nicht unbedingt Mittelpunkt der pädagogischen Zielsetzung ist. Und bei diesem Spaß mit dem Feedback sollte der Leiter/die Leiterin der Gruppe nicht ausgespart bleiben („Spielleiter verzaubern").

Eine intensive Beschäftigung mit der Problematik Selbstbild/Fremdbild ermöglichen die Spiele „Anwälte" und „Wie gemalt". Hier geht es um die Fragen: Was weiß ich vom anderen? Wie sieht mich der andere? Wie sehe ich ihn und was sehe ich von mir? Die Diskrepanzen zwischen Selbstbild und Fremdbild können sich bei diesen Spielen besonders deutlich auftun und die Motivation verstärken, noch mehr über sich (durch andere) zu erfahren.

4. Sich in andere hineinversetzen

Ein zentrales Element von Empathie ist die Fähigkeit, sich in andere heineinzuversetzen, Sachverhalte und

Gegebenheiten mit ihren Augen zu sehen. Das fängt mit konkret-anschaulichen Dingen an. So geht es z.B. bei dem Spiel „Auf der Linie" darum, einen Menschen zu lenken, der selbst nichts sehen kann.

Der andere Mensch, in den man sich hineinversetzen will, vermittelt sich häufig durch Botschaften, die es zu entschlüsseln gilt. Diese Mitteilungen können auf einer körperlich spürbaren Ebene erfolgen. Beim Spiel „Handliche Gefühle" müssen Emotionen über die Hand vermittelt werden. Verwickelter kann es werden, wenn die Botschaften Dokumente sind (z.B. Schriftstücke), die den Inhalt in verschlüsselter oder symbolischer Form enthalten (so bei den Spielen „Klangvoller Name" und „Heterogramme"). Hier ist es reizvoll, sowohl Unterschiede zwischen Mitteilungsabsicht und Mitteilungswahrnehmung als auch zwischen Selbstbild und Fremdbild zu untersuchen.

Kennt man seine Partner schon ein wenig, können Spiele sinnvoll sein, genau dies zu überprüfen. Wie verhält sich der Spielpartner/die Spielpartnerin und wie nehme ich an, daß er/sie sich verhält? Das Spiel „Phantasiewort", das dies zum Inhalt hat, fordert von den SpielerInnen, sich in andere hineinzudenken und die jeweilige Situation mit den Augen der PartnerInnen zu sehen. Ganz ähnlich ist das Spiel „Vorurteile", das die Einschätzung von Vorlieben, Interessen, Werthaltungen, Handlungsabsichten und Gefühlen zum Gegenstand hat.

5. Sich in der Gruppe erfahren

Die Selbsterfahrung im Spiel beinhaltet auch die Beziehungen und das Verhalten, das man in einer Gruppe zeigt. Die 8 Spielangebote umfassen Möglichkeiten, sich unter verschiedenen Aspekten im Gruppenprozeß zu erleben. Dies kann sich zunächst um das spontane, häufig auch nichtsprachliche Verhalten handeln, das man selbst und andere in ungewöhnlichen Situationen zeigen. Hier bieten die Spiele „Der Mensch ist keine Insel" und „Verschwörung" gute Einstiege in die Selbsterfahrung in Gruppen.

Von zentraler Bedeutung ist die Frage, wie ich mich selbst und wie sich die anderen in Kooperationsprozessen verhalten, d.h. wie ich an den Entscheidungsprozessen mitwirke, wie die Arbeit verteilt, wie der Arbeitsablauf organisiert und wie Konflikte reguliert werden. Die Spiele „Auf Wohnungssuche" und „Gestrandet" besitzen dazu einen inhaltlichen Hintergrund, während die Spiele „Papier türmen" und „Verknäuelt" eher konkrete Arbeitsabläufe in den Mittelpunkt rücken.

Eine besondere Form des Gruppenprozesses ist erforderlich, wenn kreative Lösungen gefragt sind und die Gruppe eine Struktur entwickeln muß, die genug Offenheit für ungewöhnliche Einfälle bietet. Im Spiel „Deutungen" geht es um eine solche Gruppenleistung, und man kann gut erfahren, wie man selbst und die anderen mit dieser Herausforderung umgehen.

6. Etwas über die Gruppe erfahren

Abschließend geht es um Spiele, die es möglich machen, sich Einblicke in die Gruppenstruktur zu verschaffen. Nun ist es für eine Gruppe recht schwierig, Vorstellungen über die Gruppe in einem Gespräch zu entwickeln. Auch wissenschaftliche Methoden (wie z.B. das „Soziogramm") sind meist nicht geeignet, weil der Ernstcharakter solcher Befragungen den Gruppenprozeß lähmen könnte. Wesentlich positiver können indirekte, spielerische Verfahren wirken, wenn man etwas über die aktuelle Situation (und Struktur) der Gruppe erfahren möchte.

Die vorgestellten 4 Spiele bieten symbolische Möglichkeiten, zu Aussagen über die Gruppe zu kommen. Mit Hilfe von Schuhen lassen sich z.B. Vorstellungen über eine Gruppenstruktur visualisieren („Schuhordnung"). Die in einem Zoo versammelten Zootiere könnten symbolisch die Gruppenmitglieder und ihre Beziehungen zueinander darstellen („Zoo"). Auch die recht bekannten Spielangebote, eine Gruppenplastik aus den Gruppenmitgliedern herzustellen („Gruppenbild") kann ebenso wirkungsvoll sein, wie die Aufgabe, die Gruppe als Baum symbolisch darzustellen („Unser Gruppenbaum").

VON SICH ERZÄHLEN

ALTE ZEITEN

Erzählspiel, Kennenlernspiel
Ort: Drinnen, Gruppenraum / Klassenraum
Dauer: Lang (15–30 Minuten)
Altersstufe: Ab 16 Jahren, für Erwachsene interessant
Gruppengröße: Kleingruppe (bis 10), Mittlere Gruppe (10–20)

Beschreibung des Spiels
Die Spieler bringen ältere Fotos von sich mit. Jeder legt seine Fotos in einen Briefumschlag. Es werden Lose mit Ziffern vorbereitet. Jede Ziffer ist zweimal vorhanden. Der Spieler zieht nun ein Los und schreibt die Ziffer auf seinen Briefumschlag. Alle Briefumschläge werden jetzt eingesammelt. Nun wandern alle Briefumschläge reihum. Jeder Spieler sucht den Briefumschlag, auf dem sich seine Losnummer ebenfalls befindet. Also nicht den eigenen Briefumschlag an sich nehmen! Darauf beginnt die Suche: Jeder Spieler schaut sich die Fotos an und versucht die Person zu finden, die darauf abgebildet ist. Haben sich die beiden Spieler gefunden, suchen sie sich einen ruhigen Platz und sprechen anhand der Fotos von den „alten Zeiten".

Variation
Bei etwas Jüngeren kann ein reines Suchspiel recht reizvoll sein: Die Fotos werden einzeln in Briefumschläge gelegt. Es kommt jetzt darauf an, mit möglichst wenigen Versuchen die Person zu finden. Ist die Person gefunden, wird der Briefumschlag zurückgelegt und ein neuer gezogen.

Hilfsmittel für die Durchführung
Notwendig sind Briefumschläge, die sich genau gleichen. Das Spiel bedarf langfristiger Vorbereitung, weil die Spieler ja erst ihre Kinderfotos mitbringen müssen.

Pädagogische Hinweise
Die Spieler können austauschen, wer sie gewesen waren und wie sie geworden sind. Dies kann ein vertieftes Verständnis füreinander möglich machen. Interessant ist auch die Suche: Was steckt in den Kinderfotos drin, das sich beim Älteren wiederfindet? Aufgrund welcher Merkmale kann ich meinen Partner finden? Der Spielleiter sollte sich in vollem Umfang in das Spiel einbeziehen.

BERICHT EINES PERSÖNLICHEN GEGENSTANDES

Erzählspiel, Kennenlernspiel, Kreatives Spiel
Ort: Drinnen, Gruppenraum / Klassenraum
Dauer: Sehr lang (über 30 Minuten)
Altersstufe: Ab 16 Jahren, für Erwachsene interessant
Gruppengröße: Kleingruppe (bis 10)

Beschreibung des Spiels
Aus der Gesamtgruppe werden Vierergruppen gebildet, die das Spiel gemeinsam gestalten. Jedes Mitglied der Teilgruppe wählt sich einen Gegenstand aus, den er gerade bei sich trägt und der für ihn eine gewisse Bedeutung hat. Dabei kann es sich um ein Kleidungsstück, ein Talisman, ein Schmuckstück oder z.B. auch um die Geldbörse handeln. Dieser Gegenstand erzählt nun von sich und dem menschlichen Eigentümer in der Ich-Form. Dabei kann es sich um Begebenheiten handeln, Einschätzungen, Gedanken, Lebenserfahrungen, Gefühle, Erinnerungen usw. Der Gegenstand beantwortet auch Fragen der übrigen Gruppenmitglieder.

Variation
Möglich ist es auch, daß nicht der Besitzer des Gegenstandes, sondern ein anderes Gruppenmitglied in der Ich-Form diesen Gegenstand berichten läßt. Dies setzt voraus, daß sich die Spieler schon ein wenig kennen. In dieser Variation steht weniger das Kennenlernen im Mittelpunkt als vielmehr Spaß und Vergnügen, die bei verfremdeten Rückmeldungen zum Verhalten und zu den Gewohnheiten einzelner Gruppenmitglieder entstehen können.

Hilfsmittel für die Durchführung
Ruhige und gemütliche Atmosphäre eines schön gestalteten Raumes, der zum fabulierenden Gespräch anregt.

Pädagogische Hinweise
Das Spiel ermöglicht es, in indirekter Weise wichtige persönliche Aspekte der Gruppenmitglieder kennenzulernen. Durch die Auswahl des Gegenstandes und die Art des Berichts kann der Spieler selbst bestimmen, welche Bereiche seiner Persönlichkeit er ansprechen will. Das Spiel setzt eine entsprechende Lernsituation voraus und erfordert ältere Jugendliche und Erwachsene. Auch Kinder können dieses Spiel spielen. Bei dieser Personengruppe steht weniger das Kennenlernen im Mittelpunkt als vielmehr der Spaß an lustigen Verwandlungen und das Vergnügen, sich selbst aus einer anderen Perspektive betrachten zu können.

LEBENSSYMBOLE

Kennenlernspiel
Ort: Drinnen, Gruppenraum / Klassenraum
Dauer: Lang (15–30 Minuten)
Altersstufe: Ab 12 Jahren, für Erwachsene interessant
Gruppengröße: Kleingruppe (bis 10), Mittlere Gruppe (10–20)

Beschreibung des Spiels

Den Gruppenmitgliedern wird ausreichend Zeit gegeben, in der näheren Umgebung 3 Gegenstände zu finden, die in symbolischer Absicht etwas über sie selbst aussagen: Man kann (in manchen Situationen) „hart wie Stein" sein oder „trocken wie ein Knochen". Die Gruppenmitglieder stellen sich mit ihren Gegenständen in der Gruppe vor, beantworten Fragen und erläutern Situationen, in denen sie ihre eigenen Verhaltensmerkmale erfahren haben.

Variation
Kennt sich die Gruppe schon etwas länger und ist sie zu einem vertrauensvollen Umgehen miteinander gelangt, dürfte es reizvoll sein zu raten, welche Gegenstände von wem stammen und wie sie gemeint sind. In diesen Vermutungen wird viel von einem selbst deutlich.

Hilfsmittel für die Durchführung
Ein Kasten voller verschiedener Requisiten und eine anregende Umgebung können das Spiel deutlich stimulieren.

Pädagogische Hinweise
Das Spiel setzt zunächst voraus, daß die Gruppenmitglieder bereit sind, sich etwas intensiver miteinander zu beschäftigen und sich etwas genauer kennenzulernen. Erforderlich dazu ist eine relativ geringe Gruppengröße, die 15 Personen nicht überschreiten sollte. Es sollte vermieden werden, daß von seiten der Gruppenmitglieder zu den Lebenssymbolen eigenes Feedback gegeben wird. Gerade in einer Anfangsphase der Gruppenentwicklung ist es wichtig, daß die Gruppenmitglieder selbst bestimmen, was und wieviel sie den anderen von sich mitteilen möchten. Der Gruppenleiter sollte sich in vollem Umfang in das Spiel einbeziehen.

REISE IN DIE ERINNERUNG

Kennenlernspiel, Sprechspiel
Ort: Drinnen, Gruppenraum / Klassenraum
Dauer: Lang (15–30 Minuten)
Altersstufe: Ab 16 Jahren, für Erwachsene interessant
Gruppengröße: Kleingruppe (bis 10)

Beschreibung des Spiels
Aus einer größeren Sammlung großformatiger Bilder wählen sich die Gruppenmitglieder eines oder mehrere aus, zu denen sie Erinnerungen, Einfälle oder stärkere Gefühle haben. Nacheinander erzählen die Gruppenmitglieder etwas zu den Bildern: Warum sie das Bild ausgewählt haben, welche Gefühle es auslöst, woran es sie erinnert.

Variation
Die Gruppenmitglieder können auch etwas zu einem Bild sagen, über das ein anderer sich bereits assoziativ geäußert hat. Bei schon länger bestehenden Gruppen kann jedes Gruppenmitglied für ein anderes ein Bild aussuchen und der Gruppe gegenüber seine Wahl begründen.

Hilfsmittel für die Durchführung
Die Gruppe sollte im Kreis sitzen. Es empfiehlt sich, daß der Spielleiter mit seinen Einfällen zu einem Bild beginnt. Das Spiel hängt sehr von Umfang und Güte des Bildmaterials ab. Es empfiehlt sich, geeignete Bilder über einen längeren Zeitraum zu sammeln und (aus Gründen der Haltbarkeit) auf festen Karton zu kleben.

Pädagogische Hinweise
Das Spiel ist geeignet, Assoziationen der Gruppenmitglieder auszulösen, die mehr oder weniger intensiv bzw. tiefgehend sein können. Das Ausmaß des Engagements und der Offenheit hängt von den einzelnen Spielern ab. Die Gruppenmitglieder sollten sich schon etwas kennen, weil sonst die Gefahr besteht, daß die Äußerungen sehr an der Oberfläche bleiben.

TRAUMINSEL

Kooperationsspiel, Mal- und Zeichenspiel, Phantasiespiel
Ort: Drinnen, Gruppenraum / Klassenraum
Dauer: Sehr lang (über 30 Minuten)
Altersstufe: Ab 12 Jahren
Gruppengröße: Kleingruppe (bis 10), Mittlere Gruppe (10–20)

Beschreibung des Spiels
Die Gruppe bildet Kleingruppen mit etwa 5 bis 7 Mitgliedern. Jede Kleingruppe hat die Aufgabe, auf einem großen Lageplan eine Trauminsel zu entwickeln, auf der sich alle wohlfühlen. Dieser Lageplan wird dann der Gesamtgruppe vorgestellt und ein kurzer Abschnitt über das Leben auf dieser Insel vorgespielt. Danach sind die anderen Gruppen an der Reihe. Zum Schluß werden Gemeinsamkeiten und Unterschiede in den Lebensauffassungen der Gruppenmitglieder herausgestellt und erörtert.

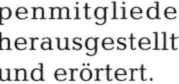

Variation
Anstelle des Themas „Trauminsel" können auch inhaltliche Vorgaben wie „Traumschloß" oder „menschenwürdige Siedlung" gewählt werden.

Hilfsmittel für die Durchführung
Wichtig für das Spiel sind ein großer Lageplan (auf dem die Umrißlinien der Insel und unveränderbare Bodenbedeckungen bereits eingezeichnet sein können) sowie Scheren, Kleber, Papier, Illustrierte und Zeichenstifte.

Pädagogische Hinweise
Empfehlenswert ist dieses Spiel für Gruppen mit deutlicher Selbsterfahrungsabsicht und dem Wunsch, einander intensiver kennenzulernen. Das Spiel sollte ernsthaft angegangen werden und nicht zur Blödelei geraten. Wichtig ist daher eine angemessene Einführung durch den Spielleiter. Das Spiel setzt ein ruhiges Klima voraus, das es gestattet, in den Teilgruppen miteinander zu reden und zu planen. Der Spielleiter sollte in einer der Teilgruppen mitwirken – ohne sich jedoch in den Mittelpunkt zu rücken.

ÜBEREINSTIMMUNGEN

Wahrnehmungsspiel
Ort: Drinnen, Gruppenraum / Klassenraum
Dauer: Lang (15–30 Minuten)
Altersstufe: Ab 12 Jahren, für Erwachsene interessant
Gruppengröße: Kleingruppe (bis 10), Mittlere Gruppe (10–20)

Beschreibung des Spiels
Die Gruppe sitzt in einem locker auseinandergezogenen Stuhlkreis. Vor ihr, auf dem Boden, liegen zahlreiche, sehr unterschiedliche Steine und Holzstücke. Schweigend nehmen die Spieler die Materialien in die Hand, besehen sie, betasten sie, prüfen Haltbarkeit, Gewicht, Klang, Geruch und versuchen, diese Eigenarten so zu sehen, als gehörten sie zu einem Menschen. Beispiel: leicht, faserig, etwas modrig riechend, leicht zerfallend, etwas hohl klingend – ein Mensch ohne Gewicht und Substanz, der bei Belastung sich leicht aufgibt, wenig lebendig und aus eigener Kraft lebend. Nach einer längeren Experimentierphase sucht jeder Spieler für sich einen Gegenstand, der ihm mehr und einen, der ihm weniger entspricht. In Teilgruppen werden die Stücke vorgestellt. Die Spieler erörtern, ob das darin deutlich werdende Selbstbild sich mit ihrem Fremdbild deckt.

Variation
Die Spieler können auch für andere (in einer Teilgruppe) Gegenstände auswählen, von denen sie „Parallelen" annehmen. Beispiel: „Du hast Ähnlichkeit mit diesem Stein. Du hast eine glatte, schöne Oberfläche, jedoch spitze Kanten und bist aus einem harten Material."

Hilfsmittel für die Durchführung
Notwendig ist eine große Sammlung verschiedenartiger Steine und Holzstücke (etwa 4x soviel wie Teilnehmer vorhanden sind). Der Spielleiter kann anregen, sich bestimmte Gegenstände für eine intensivere Meditation auszuwählen.

Pädagogische Hinweise
Das Spiel erlaubt eine selbstgewählte Verbindung zwischen sinnlicher Wahrnehmung eines Gegenstandes, dessen symbolischer Ausdeutung und der Selbstwahrnehmung. Durch intensive Beschäftigung mit den Gegenständen können die Spieler an sich selbst bestimmte Eigenschaften unter Umständen deutlicher wahrnehmen. Wie stark sich die Spieler auf den Selbsterfahrungsaspekt einlassen, ist sehr von ihnen selbst abhängig. Das Ausmaß des Engagements können sie selbst dosieren. Der Spielleiter sollte in vollem Umfang mitmachen und ggf. ein abschließendes Gespräch in der gesamten Gruppe anregen.

WASSERVERBINDUNGEN

Kennenlernspiel
Ort: Drinnen, Gruppenraum / Klassenraum
Dauer: Lang (15–30 Minuten)
Altersstufe: Ab 16 Jahren, für Erwachsene interessant
Gruppengröße: Kleingruppe (bis 10)

Beschreibung des Spiels
Den Teilnehmern werden zahlreiche verschiedene (und nach Möglichkeit schöne) Gläser zur Verfügung gestellt. Jeder sucht sich eines der Gläser für sich aus. In dieses Glas gießt er nun aus einem Krug soviel Wasser, wie er es für richtig hält. Die Menge des Wassers kann abhängig gemacht werden von der momentan empfundenen eigenen Energie.
Sind die Vorbereitungen abgeschlossen, wandern die Spieler mit ihren Gläsern herum. Damit nehmen sie, ohne miteinander zu sprechen, Kontakt zu anderen Spielern auf. Jeder Spieler kann (ohne zu sprechen) anderen anbieten, Wasser abzugeben. Die Menge steht im Belieben der Spieler. So gehen die Spieler eine ganze Zeit herum, geben Wasser und erhalten Wasser, und bemühen sich, möglichst wenig Wasser dabei zu verschütten. Erlaubt es die Stimmung, kann die Gruppe anschließend darüber sprechen, welche Wasserverbindungen zustande kamen, wie sie gestaltet wurden und in wieweit dieser symbolische Austausch etwas mit dem eigenen Verhalten und den Erlebnishintergründen zu tun hat.

Variation
Reizvoll für dieses Spiel könnte auch Sand sein (ggf. auch in verschiedenen Farben und Körnungen). Auch hier wären Gläser das angemessene Gefäß. Man könnte vereinbaren, daß jeder Spieler sich beim Füllen seines Glases auf eine Sandsorte begrenzen sollte. Im Laufe des Spiels vermischen sich dann die Materialien und schaffen besondere optische Reize.

Hilfsmittel für die Durchführung
Der Spielleiter sollte ein Sortiment verschiedener Gläser bereitstellen. Entsprechende meditative Musik kann sich positiv auf die Spielatmosphäre auswirken.

Pädagogische Hinweise
Das Spiel setzt eine ruhige und aufnahmebereite Gruppe älterer Spieler voraus, die Selbsterfahrungsinteresse besitzen und denen daran gelegen ist, miteinander intensiven Kontakt aufzunehmen. Ob dieses Spiel gelingt, hängt sehr von der Atmosphäre in der Gruppe ab. Eine gereizte Stimmung, starke Bewegungsbedürfnisse, aber auch Müdigkeit und Erschöpftsein können sich auf das Spiel beeinträchtigend auswirken. Ob hinterher über das Spiel in der gesamten Gruppe reflektiert werden soll oder nicht, hängt davon ab, wie stark die Mitteilungsbedürfnisse der Teilnehmer sind. Häufig ist es sinnvoll, die Reflexion auf „inoffizielle" Gespräche zwischen einzelnen Teilnehmern zu begrenzen und die Spielatmosphäre nicht durch zwangvolle Reflexionsphasen zu zerstören.

WER IST DAS?

Schreibspiel
Ort: Drinnen, Gruppenraum / Klassenraum, Stuhlkreis
Dauer: Lang (15–30 Minuten)
Altersstufe: Ab 16 Jahren, für Erwachsene interessant
Gruppengröße: Kleingruppe (bis 10)

Beschreibung des Spiels
Jeder hat Vorstellungen über sich und darüber, wie andere über ihn denken mögen. In dem Spiel kann man diese Vorstellungen überprüfen. Jeder erhält einen Bogen Papier und einen Filzstift und beschreibt sich in seinen Eigenarten, Verhaltensweisen, Wertvorstellungen, Interessen – ganz so, wie er sich selbst sieht. Diese Bögen werden zusammengefaltet und in die Mitte des Kreises gelegt. Darauf fertigt jeder eine Persönlichkeitsbeschreibung über sich an, wie er meint, daß die Gruppe über ihn denkt: also ein vermutetes Fremdbild. Nun beginnt das Spiel. Reihum werden die Zettel in der Mitte des Kreises aufgenommen und vorgelesen. Dann äußert die Gruppe Vermutungen darüber, wer mit der Beschreibung gemeint ist. Der Verfasser gibt sich danach zu erkennen und liest seinen zweiten Zettel vor. Die Gruppe diskutiert über beide Fassungen und erörtert, ob das Selbstbild mit ihrem Fremdbild übereinstimmt, in welchen Punkten beide Bilder voneinander abweichen, ob die Beschreibung ausreichend genau und aussagekräftig war, ob das vermutete Fremdbild richtig oder verzerrt ist, wie die Bilder des Verfassers über sich getönt sind ...

Variation
Bei Jüngeren kann es sinnvoll sein, für die Selbstbeschreibung bestimmte Punkte vorzugeben. Den Spielern kann auch aufgegeben werden, eine Geschichte aufzuschreiben, in der sie selbst in typischer Weise vorkommen (ohne Namen zu nennen).

Hilfsmittel für die Durchführung
Schreibzeug und Papier sollte der Spielleiter zur Verfügung stellen. Bei Jüngeren empfiehlt es sich, Beispiele für Selbstbeschreibungen zu geben. Je nach Teilnehmern sollte die Auswertung einen bestimmten zeitlichen Rahmen nicht überschreiten.

Pädagogische Hinweise
Im Spiel besteht eine intensive Gelegenheit zu erörtern, wer man ist, wie man von anderen gesehen wird und wie man glaubt, gesehen zu werden. Alle Bilder treffen bestimmte Teile der Wirklichkeit und geben dem Spieler die Möglichkeit, darüber nachzudenken, wer er ist. Die Intensität der Auswertung hängt stark von der Art und den Fähigkeiten der Gruppe ab. Der Spielleiter sollte die Teilnehmer nicht überfordern und ein Gespür dafür entwickeln, bis zu welchem Punkt er die Auswertung voranbringen darf. Er selbst sollte sich voll in das Spiel einbeziehen.

ZAUBERLADEN

Erzählspiel, Experimentierspiel, Sprechspiel
Ort: Drinnen, Gruppenraum / Klassenraum, Turnhalle / Großer Raum
Dauer: Sehr lang (15–30 Minuten)
Altersstufe: Ab 16 Jahren, für Erwachsene interessant
Gruppengröße: Mittlere Gruppe (10–20)

Beschreibung des Spiels
In diesem Spiel können Wünsche in Erfüllung gehen. Man wird sehen, mit welchen Folgen. Zunächst erörtert die Gruppe, was begehrenswerte Fähigkeiten, Eigenschaften und Güter sind: z.B. Schönheit, Gesundheit, Geld, Ansehen, attraktive Partner, freie Zeit, Zufriedenheit. Je nach Äußerungen der Teilnehmer werden verschiedene „Zauberläden" eröffnet, die begehrenswerte Fähigkeiten, Eigenschaften und Güter „verkaufen". Während sich die „Verkäufer" daran machen, ihre „Waren" zusammenzustellen (auf Pappkärtchen groß und gut lesbar schreiben – ggf. auch etwas illustrieren), überlegen die „Käufer", welche positiven Fähigkeiten, Eigenschaften, Güter sie selbst besitzen: z.B. Geduld, zuhören können, begeisterungsfähig sein, viel Zeit für sich besitzen, Freude an der Musik zu haben, leicht etwas lernen können, technisch begabt zu sein, schnell Kontakt zu anderen Menschen finden können. All dies notieren sie sich auf „Geldscheinen". Eventuell können sich die „Käufer" auch untereinander beraten.
Nun beginnt das Spiel. Die „Käufer" versuchen, von

den „Verkäufern" die begehrten „Waren" zu erlangen. Dafür müssen sie mit ihren „Geldscheinen" bezahlen. Jeder „Käufer" muß überlegen, was er bereit ist, für etwas anderes aufzugeben: „Viel Geld" gegen „Geduld", „Zeit für sich" und „viele Freunde"? Die „Verkäufer" müssen realistische Angebote machen. Im Auswertungsgespräch können die „Käufer" über ihre Erfahrungen berichten und ihre Entscheidungen zur Diskussion stellen.

Variation
Anstelle von „Zauberläden" können die Spieler ihre „Geldscheine" auch untereinander tauschen.

Hilfsmittel für die Durchführung
Kartoniertes Papier, Schreibstifte, alte Illustrierte, Klebstoff, Farbe und Scheren sollten vorhanden sein (evtl. auch Vordrucke für die „Geldscheine").

Pädagogische Hinweise
Das Spiel bietet breiten Erfahrungs- und Experimentierraum und kann nachhaltige Eindrücke über eigene Lebens- und Wertvorstellungen vermitteln. In Gruppen mit großer Aussprachefähigkeit kann die konkrete Lebensgestaltung der einzelnen Spieler erörtert werden. Das Spiel erfordert die Bereitschaft der Spieler, sich ernsthaft auf sich selbst einzulassen und anderen Einblicke zu gewähren. Der Spielleiter sollte entweder als „Käufer" oder als „Verkäufer" am Spiel teilnehmen, bei Jüngeren evtl. auch als „Marktaufsicht".

PARTNER IM SPIEL ERFAHREN

ANGESTIFTET

Geschicklichkeitsspiel, Kooperationsspiel, Partnerspiel, Reaktionsspiel, Tanzspiel
Ort: Drinnen, Gruppenraum / Klassenraum
Dauer: Mittel (5–15 Minuten)
Altersstufe: Ab 10 Jahren, für Erwachsene interessant
Gruppengröße: Kleingruppe (bis 10), Mittlere Gruppe (10–20), Großgruppe (über 20)

Beschreibung des Spiels
Die Spielleiterin, als Anstifterin zu diesem Spiel, verteilt an jeden Spieler einen Stift (mit Schutzkappe). Jeder sucht sich nun einen Partner, mit dem er sich „anstiftet". Und das geht so: Zwischen den ausgestreckten Zeigefingern beider müssen sich die beiden Farbstifte befinden, so daß keiner mit seiner Hand „stiften" gehen kann. Um die beiden Stifte nicht zu verlieren, muß jeder Spieler ein wenig Druck auf die Stifte ausüben bzw. ein wenig nachgeben, falls der andere stärker drückt. Mit anderen Worten: Richtig „Angestiftete" müssen auf die Reize ihres Partners sensibel reagieren. So stehen die beiden „Angestifteten" da und werden, je sicherer sie sich fühlen, immer kühner mit ihren Reizen: Sie strecken die Arme hoch und seitwärts; sie gehen in die Knie oder legen sich gar auf den Boden – und alles, ohne daß einer der Stifte „stiften" geht. Bei einer „Musikeinlage" bewegen sich beide Spieler rhythmisch zur Musik. Vielleicht gelingt es sogar, sich beim Tanzen um die eigene Achse zu drehen – und dabei „angestiftet" zu bleiben.

Variation

Besonders nachhaltig wirkt das Spiel, wenn es mit geschlossenen Augen gespielt wird. Ist die Gruppe schon etwas geübter, kann man versuchen, mehr als zwei Spieler anzustiften. Die Gruppe kann auch einen Innen- und Außenkreis bilden und sich so gegenüber hinstellen, daß jeder Spieler zwei Partner zugleich hat, mit denen er „angestiftet" ist und auf die er sich gleichzeitig einstellen muß. Anstelle der Stifte kann man auch Luftballons nehmen.

Hilfsmittel für die Durchführung

Insbesondere bei jüngeren Spielern sollte man das Spiel demonstrieren, darüber reden und erst dann richtig anfangen. Vereinfachend ist es, wenn vereinbart wird, daß zunächst der eine, dann der andere den aktiven Part übernimmt.

Pädagogische Hinweise

Dieses Spiel weckt die Fähigkeit, sich auf seinen Partner „einzustellen", angemessen auf die Reize zu reagieren, selbst aktiv zu werden, ohne den Partner zu überfordern. Es vermittelt auf einer körperlich spürbaren Ebene, was Zusammenarbeit und Partnerschaft bedeuten kann. Das Spiel setzt ein ruhiges und entspanntes Klima voraus und sollte bei aggressiven Spannungen in der Gruppe nicht vorgeschlagen werden. Die Spielleiterin sollte sich in das Spiel voll einbeziehen.

BILD ZU ZWEIT

Geschicklichkeitsspiel, Kooperationsspiel, Kreatives Spiel, Ruhiges Spiel
Ort: Drinnen, Gruppenraum / Klassenraum
Dauer: Lang (15–30 Minuten)
Altersstufe: Ab 8 Jahren, für Erwachsene interessant
Gruppengröße: Mittlere Gruppe (10–20), Großgruppe (über 20)

Beschreibung des Spiels
Es bilden sich Paare, die zu zweit ein Bild zeichnen sollen – und zwar in einer besonderen Weise: Beide Spieler haben zusammen ein Blatt Papier und einen Stift (am besten einen Filzstift). Sie nehmen, ohne zu sprechen, den Stift gemeinsam in die Hand und zeichnen alles gemeinsam. Die Spielleiterin kann vorgeben, was zu zeichnen ist. Dabei sollten zunächst einfache und dann immer schwierigere Dinge gemeinsam gezeichnet werden, so z.B. zunächst ein Haus, dann ein Baum und dann ein Hund. Während des gesamten Spiels dürfen die Spieler nicht miteinander sprechen. Nach dem Spiel erörtert die Gruppe die Art der wahrgenommenen Kooperation und zeigt dazu die angefertigten Bilder.

Variation
Die Spieler können ein gemeinsames Bild auch so herstellen, daß jeder der beiden für sich, mit eigenem Stift zeichnet. Das Thema der Zeichnungen sollte vorher nicht oder nur sehr grob abgesprochen werden. Zu welcher Form von Zusammenarbeit werden die Spieler gelangen? Läßt sich dies anhand der Zeichnung ablesen?

Hilfsmittel für die Durchführung
Papier und Filzstifte sollten vorhanden sein. Es kann an Tischen oder auch auf dem Fußboden gezeichnet werden. Insbesondere bei Jüngeren sollte die Spielleiterin die einzelnen Zeichenaufgaben an einer Tafel notieren.

Pädagogische Hinweise
Das Spiel fördert, sensibel aufeinander einzugehen, die feinen Signale zu beachten und angemessen darauf zu reagieren. Im Auswertungsgespräch könnte man erörtern, ob stets einer nur geführt hat oder ob man sich abgewechselt hat, ob die Spieler einander stets verstanden haben oder ob es zu Mißverständnissen und Konflikten gekommen ist. Bestimmte Phasen der Kooperation kann man anhand der Zeichnung leicht wieder erinnern. Die Spielleiterin sollte zusammen mit einem Partner ebenfalls eine Zeichnung anfertigen. Das Spiel setzt eine ruhige und entspannte Atmosphäre voraus und ist bei Spannung und motorischer Unruhe weniger geeignet.

BLINDBILD

Beobachtungsspiel, Mal- und Zeichenspiel
Ort: Drinnen, Gruppenraum / Klassenraum, Turnhalle / Großer Raum
Dauer: Lang (15–30 Minuten)
Altersstufe: Ab 10 Jahren, für Erwachsene interessant
Gruppengröße: Mittlere Gruppe (10–20), Großgruppe (über 20)

Beschreibung des Spiels
Es bilden sich Teilgruppen aus 3 bis 5 Spielern. Die Spieler jeder Teilgruppe wählen einen aus ihrer Mitte, den sie zeichnen wollen. Sie schauen sich ihn genau an und legen dann ein großformatiges Stück Zeichenpapier auf den Fußboden oder auf einen Tisch. Dann verbinden sie sich die Augen und versuchen, das Porträt gemeinsam zustande zu bringen. Jeder der Spieler übernimmt dazu einen Teil der Zeichnung. Die Teilgruppe kann sich absprechen, nach welchem Verfahren gezeichnet werden soll, wer was zeichnet und wie man das Gezeichnete den anderen in der Gruppe „blind" übermitteln kann. Alle Teilgruppen kommen danach wieder zusammen und raten, wer jeweils in der Gruppe gezeichnet wurde. Ein Gespräch über die verschiedenen Strategien beim Anfertigen der Zeichnungen kann sich anschließen.

Variation
Anstelle eines Porträts können bei Jüngeren auch einfachere Zeichenaufgaben gestellt werden, z.B. geometrische Figuren. Es können auch Paare gebildet werden, die den Zeichenstift zugleich führen (der eine faßt oben, der andere unten an).

Hilfsmittel für die Durchführung
Zeichenpapier und Filzstifte sollten bereitliegen. Für Jüngere sind inhaltliche Einkleidungen des Spiels sinnvoll: Geschichten, aus denen sich die Notwendigkeit für das spielerische Verhalten ergibt.

Pädagogische Hinweise
Das Spiel stellt relativ hohe Anforderungen an die Kooperationsfähigkeit, das räumliche Vorstellungsvermögen und die Gedächtnisleistung, so daß manche Jüngere bei diesem Spiel überfordert sein könnten. Es ist daher notwendig, den Leistungsaspekt dieses Spiels nicht allzu sehr zu betonen. Die Ergebnisse der gemeinsamen Arbeit sollten eher zu einer Quelle des Spaßes werden. Durch die Gemeinsamkeit beim Zeichnen ist der Blamiereffekt relativ gering. Der Spielleiter sollte in vollem Umfang in einer der Teilgruppen mitwirken.

SKLAVENHALTER

Darstellendes Spiel, Partnerspiel
Ort: Drinnen, Gruppenraum / Klassenraum, Turnhalle / Großer Raum
Dauer: Mittel (5–15 Minuten)
Altersstufe: Ab 10 Jahren
Gruppengröße: Mittlere Gruppe (10–20)

Beschreibung des Spiels
Es bilden sich Paare. Abwechselnd ist jeder dem anderen einmal ein williger, unterwürfiger Sklave, dann ein gebieterischer Sklavenhalter. Diese Rollen sollten wirklich überzeugend gespielt werden, d.h. der „Sklave" sollte z.B. ohne Gegenrede die Befehle des anderen geradezu freudig ausführen.

Variation
Anstelle eines „Sklaven" und seines „Herrn" kann man andere Paarkombinationen nehmen: „autoritärer Lehrer und ängstlicher Schüler", „reumütiger Unfallfahrer und strenger Polizist", „hilfloser Patient und allwissender Arzt". Alle Paarkombinationen laufen darauf hinaus, die Unterschiedlichkeit von Rollen in überspitzter Weise darzustellen und zu „leben".

Hilfsmittel für die Durchführung
Sind Gespräche nach dem Spiel sinnvoll, können Fragen wie „Woran konnte man den ‚Sklaven' vom ‚Sklavenhalter' unterscheiden?", „Welche Bewegungen machte der eine, welche der andere?", „Wer spielte seine Rolle überzeugender und warum?", „Wer konnte den ‚Sklaven', wer den ‚Herrn' besser spielen?" das Bewußtsein für Unterschiede schärfen und die Wahrnehmung eigener Fähigkeiten und Mängel verbessern.

Pädagogische Hinweise
Überordnung und Unterordnung, autoritäres Gebaren und Unterwürfigkeit können in diesem Spiel mehr oder weniger ausgelebt werden. Das kann psychische Strukturen, Stärken wie Schwächen der Spieler, offenlegen. Dem Spiel kann ein Selbsterfahrungscharakter nicht abgesprochen werden. Es hängt von der Gruppe ab, wie tief und intensiv dieser Aspekt berücksichtigt werden soll. Bestehen Selbsterfahrungswünsche, ist es notwendig, das Spiel auszuwerten und über Wahrnehmungen zu sprechen.

BLINDFORMEN

Kontaktspiel, Kooperationsspiel, Ruhiges Spiel
Ort: Drinnen, Turnhalle / Großer Raum
Dauer: Mittel (5–15 Minuten)
Altersstufe: Ab 16 Jahren, für Erwachsene interessant
Gruppengröße: Mittlere Gruppe (10–20), Großgruppe (über 20)

Beschreibung des Spiels
Die Gruppe hat die gemeinsame Aufgabe, mit geschlossenen Augen und ohne miteinander zu reden, zunächst einen Kreis, dann ein Quadrat oder ein Dreieck zu bilden. Nach diesen Vorübungen dürfte es nicht so schwer sein, sich zu zwei konzentrischen Kreisen zusammenzufinden.

Variation
Die Möglichkeiten, durch Gruppenmitglieder etwas blind formen zu lassen, sind vielfältig und sollten von den Fähigkeiten der Spieler abhängig sein. Beispiele: Jeweils 5 Spieler setzen sich blind Rücken an Rücken auf den Boden; die Spieler bilden einen Kreis und fassen dabei auf die rechte Schulter des Vordermannes; es werden zwei in sich verschlungene Kreise, die etwa gleichgroß sein sollen, hergestellt.

Hilfsmittel für die Durchführung
Ruhe ist für das Spiel sehr wichtig. Manchmal kann auch zu dem Spiel passende ruhige Musik sinnvoll sein. Günstig ist es, wenn man den Raum verdunkeln könnte. Bei Jüngeren empfehlen sich die Augenbinden.

Pädagogische Hinweise
Das Spiel schafft eine Herausforderung, die die Spieler durch Ruhe und Sensibilität bewältigen können. Gefördert werden Konzentration und Einfühlung. Die Spieler erhalten auf körperliche Weise ein „Gefühl für die Gruppe". Je nach Entwicklungsstand der Gruppe kann der Gruppenleiter in vollem Umfang am Spiel beteiligt sein oder aber dabeistehen und ggf. Hilfen geben (ohne dabei die Sprache zu benutzen). Bei aggressiver Stimmung oder Spannungen in der Gruppe ist dieses Spiel nicht empfehlenswert.

ETWAS ÜBER SICH ERFAHREN

ANWÄLTE

Kennenlernspiel, Planspiel, Sprechspiel
Ort: Drinnen, Gruppenraum / Klassenraum
Dauer: Sehr lang (über 30 Minuten)
Altersstufe: Ab 12 Jahren
Gruppengröße: Mittlere Gruppe (10–20)

Beschreibung des Spiels

Anwälte sprechen und handeln für ihre Klienten. Je genauer die Anwälte ihre Klienten kennen, desto besser können sie sich für ihre Interessen einsetzen. In diesem Spiel läßt sich dies gut überprüfen. Jeweils 3 Spieler, die sich noch nicht gut kennen sollten, tun sich zu einer Gruppe zusammen. Sie machen untereinander aus, wer „Anwalt" und wer „Klient" ist. Dann beginnt das Spiel. Nacheinander tritt jede Teilgruppe vor die Gesamtgruppe. Die Gesamtgruppe stellt jeweils Fragen an den „Klienten", die jedoch nicht von ihm, sondern von seinen beiden „Anwälten" beantwortet werden. Die Fragen sollten sich in der Hauptsache auf verhaltensmäßige Reaktionen, auf Wertvorstellungen, Vorlieben und Abneigungen beziehen. Nach einer Befragungsrunde äußert sich der „Klient" der Gruppe gegenüber, ob er sich von seinen „Anwälten" gut oder weniger gut vertreten fühlte, in welchen Punkten sie recht mit ihren Annahmen hatten und in welchen nicht. In einem weiteren Auswertungsgespräch kann überlegt werden, warum es zu bestimmten Abweichungen gekommen ist, was die Vorurteilshaltung der „Anwälte" bestimmt hat.

Variation
In sehr kleinen Gruppen kann man auch zu zweit Vermutungen austauschen. Abwechselnd äußern die Partner ihre Vermutungen: „Ich vermute, daß du ...". Auf die Vermutungen wird zunächst nicht geantwortet. Erst am Schluß sollte Aufklärung gegeben werden. Inhalte der Vermutungen können Vorlieben, Abneigungen, charakterliche Eigenschaften, Interessen sein.

Hilfsmittel für die Durchführung
Der Spielleiter sollte darauf achten, daß die Befragung einen bestimmten formalen Rahmen erhält.

Pädagogische Hinweise
Das Spiel ermöglicht einen guten Vergleich zwischen dem Fremdbild (der „Anwälte") und dem Selbstbild (des „Klienten"). In einem Auswertungsgespräch können Ursachen für Übereinstimmungen und Abweichungen angesprochen werden. Interessant ist auch die Frage, welche Umstände die Vorurteilsbildung beeinflussen. Das Spiel setzt Teilnehmer voraus, die willens und in der Lage sind, sich etwas intensiver mit ihrer eigenen Person auseinanderzusetzen und sich mit Fremdbildern zu konfrontieren. Der Spielleiter sollte in einer Dreiergruppe mitwirken (unter Umständen auch als „Klient").

BEWEG' DEIN GEFÜHL!

Darstellendes Spiel, Denkspiel, Wahrnehmungsspiel
Ort: Drinnen, Gruppenraum / Klassenraum, Stuhlkreis
Dauer: Lang (15–30 Minuten)
Altersstufe: Ab 10 Jahren, für Erwachsene interessant
Gruppengröße: Mittlere Gruppe (10–20)

Beschreibung des Spiels
Es geht darum, Gefühle durch seinen Körper darzustellen. Die Zuschauer sollen herausfinden, welches Gefühl dargestellt wurde. Dazu bereitet der Spielleiter Kärtchen vor, auf denen bestimmte Situationen geschildert und gefühlsmäßige Reaktionen beschrieben werden. Beispiel: Dein Freund/deine Freundin ist zum verabredeten Zeitpunkt noch nicht gekommen. Du wartest bereits 20 Minuten. Ungeduldig und ärgerlich gehst du auf und ab. Die Gruppe setzt sich in einen Stuhlkreis. Reihum zieht jeder Spieler einen der Zettel und versucht, Situation und Gefühl körpersprachlich auszudrücken. Die übrigen Spieler schauen aufmerksam zu und versuchen zu beschreiben, welches Gefühl wohl ausgedrückt wurde.

Variation
Man kann sein Gefühl auch „in die Stimme legen". Der Spieler zieht eine Karte und zählt dann bis 20. In der Art, wie er bis 20 zählt (Mimik, Klang der Stimme usw.), soll dann das Gefühl deutlich werden.

Hilfsmittel für die Durchführung
Notwendig ist eine gute, auf die Spieler abgestimmte Mischung verschiedener Situationen, in denen Gefühle gezeigt werden. Neben relativ einfach darzustellenden Gefühlen (Ärger, Freude, Anspannung) sollten (insbesondere bei Älteren) auch etwas schwieriger zu erkennende Gefühlsmischungen darunter sein. Beispiel: Du hast in einem Würfelspiel verloren. Du ärgerst dich zwar, möchtest diesen Ärger aber nicht deutlich werden lassen, sondern freust dich mit dem Gewinner.

Pädagogische Hinweise
Das Spiel ist gut geeignet, um die Spieler für Körpersprache zu sensibilisieren. Bei etwas Älteren ist ein gründliches Auswertungsgespräch nach jeder Darstellung empfehlenswert: Welche verschiedenen Gefühle (oder Gefühlsmischungen) wurden beobachtet? An welchen körpersprachlichen Besonderheiten ließ sich das ablesen? In welchen Situationen zeigen Menschen diesen Gefühlsausdruck? Der Spielleiter sollte als erster mit der Darstellung beginnen, um Hemmungen und Ängste bei den Spielern etwas zu vermindern.

ERSTER EINDRUCK

Beobachtungsspiel, Kennenlernspiel, Partnerspiel
Ort: Drinnen, Haus mit mehreren Räumen / Jugendherberge
Dauer: Lang (15–30 Minuten)
Altersstufe: Ab 12 Jahren, für Erwachsene interessant
Gruppengröße: Kleingruppe (bis 10), Mittlere Gruppe (10–20)

Beschreibung des Spiels
Es bilden sich Paare, jedes Paar spricht etwa 3 Minuten über ein vorgegebenes Thema (z.B. „auffällig gekleidete Menschen im Straßenbild"). Dann trennen sich die Paare. Jeweils ein Partner bleibt im Raum, der andere wechselt in einen anderen. Der Spielleiter verteilt nun Vordrucke an jeden. Die Spieler haben die Aufgabe, anhand des Vordrucks die äußeren Merkmale ihres Gesprächspartners zu beschreiben: Kleidung, Haartracht, Augen, Gesicht, Körper. Der Spielleiter sammelt die Vordrucke wieder ein und versammelt die Spieler in einem Raum.
Reihum werden nun die Vordrucke mit den Beschreibungen der einzelnen Spieler vorgelesen. Die Spieler können nun raten, auf welchen Teilnehmer die Beschreibung zutrifft. Ein Gespräch über den „ersten Eindruck" und über Merkmale, die in Erinnerung bleiben, könnte sich anschließen.

Variation

Man könnte das Spiel so anlegen, daß die eine Teilgruppe Angaben zur Kleidung macht, die andere sich auf körperliche Merkmale (Kopfform, Körpergestalt, Augenfarbe usw.) begrenzt. Es kann aufschlußreich sein zu sehen, was eher in Erinnerung bleibt: variable Merkmale wie Kleidung oder relativ konstante wie z.B. die Körperform.

Hilfsmittel für die Durchführung

Einen Vordruck, auf dem die verschiedenen Kategorien vermerkt sind, die etwas zur äußeren Erscheinung einer Person aussagen können, sollte der Spielleiter entwickelt haben und der Gruppe zur Verfügung stellen.

Pädagogische Hinweise

In diesem Spiel kann man recht gut die Thematik (und Problematik) des „ersten Eindrucks" erfahren. Zudem regt es an, sich die Mitglieder in der Gruppe genauer anzusehen und darüber nachzudenken, welche äußeren Merkmale anderer Menschen in Erinnerung bleiben und welche kaum wahrgenommen werden. Das Spiel setzt eine relativ ruhige und aufnahmebereite Gruppe voraus. Günstig ist, wenn sich die Teilnehmer schon etwas kennen und die Namen allgemein bekannt sind.

GESCHENKT

Abschiedsspiel, Beobachtungsspiel, Kontaktspiel
Ort: Drinnen, Gruppenraum / Klassenraum
Dauer: Lang (15–30 Minuten)
Altersstufe: Ab 10 Jahren, für Erwachsene interessant
Gruppengröße: Kleingruppe (bis 10), Mittlere Gruppe (10–20)

Beschreibung des Spiels

Geschenke sollen etwas mit dem Beschenkten zu tun haben; sie sagen aber auch etwas über den Schenkenden aus. Es werden Dreiergruppen gebildet, die schenken und beschenkt werden. Jeweils eine Dreiergruppe sucht oder bastelt für die Mitglieder einer anderen Dreiergruppe Gegenstände, die die jeweiligen Personen repräsentieren bzw. charakterisieren. Danach werden die Geschenke ausgetauscht: „Wir schenken dir, Klaus, einige Drähte und Kabel, weil du dich gerne mit Elektrobasteleien beschäftigst."
„Für dich, Susanne, haben wir einen hübschen Stein, rund, mit einigen spitzen Ekken und einer sehr schönen Oberfläche. Wir fanden, er paßt zu dir." „Du, Peter, wirst dich sicherlich über diese schwierige chemische Formel freuen. Du bist ja ein Profi in Chemie."

Variation
Anstelle von Geschenken können die Spieler einander Wörter „schenken". Jeder schreibt für jeden ein passendes Wort auf eine Karteikarte. Jeder Spieler ordnet danach seine „Geschenke" und erzählt der Gruppe in Ichform eine Geschichte, in der die „geschenkten" Wörter vorkommen.

Hilfsmittel für die Durchführung
Den Spielern sollte reichlich Zeit zur Überlegung und zur Anfertigung der Geschenke zugebilligt werden. Materialien wie Plastellin, Papier, Farbstifte, Kleber, Pappe sollten bereitliegen für diejenigen, die das Geschenk anfertigen möchten.

Pädagogische Hinweise
Der im Feedback enthaltene positive Aspekt des Beschenktwerdens kann den Eindruck vermitteln, in seinen Eigenschaften von den anderen akzeptiert zu sein. Die Annahme der Rückmeldung fällt daher leichter. Dadurch, daß jeweils 3 Spieler das Geschenk festlegen, können subjektive Einseitigkeiten etwas ausgeglichen werden. Mit dem Geschenk verbindet sich auch die Absicht, den Beschenkten zu erfreuen. Deutliche negative Rückmeldungen werden daher bei diesem Spiel nur sehr selten vorkommen. Das Spiel ist auch am Ende eines Seminars gut geeignet, um die persönliche Wertschätzung in einem „Abschiedsgeschenk" auszudrücken. Der Spielleiter sollte sich in vollem Umfang in das Spiel einbeziehen und in einer Dreiergruppe mitwirken.

HEIRATSANZEIGE

Kreatives Spiel, Schreibspiel
Ort: Drinnen, Gruppenraum / Klassenraum
Dauer: Lang (15–30 Minuten)
Altersstufe: Ab 16 Jahren, für Erwachsene interessant
Gruppengröße: Kleingruppe (bis 10)

Beschreibung des Spiels
In lustiger Form sollen Eigenarten von Gruppenmitgliedern deutlich werden. Die Namen aller Gruppenmitglieder werden auf Zettel geschrieben; jeder zieht einen davon. Es bilden sich kleine Gruppen aus drei oder vier Spielern (möglichst Männer und Frauen). In jeder Teilgruppe werden nun „Heiratsanzeigen" zu den Personen, deren Namen man gezogen hat, geschrieben. Die „Heiratsanzeigen" können ruhig etwas ausführlicher sein und die Art geschlechtsspezifischer Selbstdarstellung mit beinhalten. Alle „Heiratsanzeigen" werden danach ans „Schwarze Brett" gehängt und von allen gelesen. Jede Teilgruppe beratschlagt danach für sich, wer wohl mit der jeweiligen „Heiratsanzeige" gemeint sein mag. Auflösung des „Rätsels" und ggf. ausführliche Erörterung erfolgen dann in der Gesamtgruppe.

Variation
Anstelle von „Heiratsanzeigen" können auch Bewerbungsschreiben aufgesetzt oder auch Liebesbriefe geschrieben werden.

Hilfsmittel für die Durchführung
Größere Karteikarten und Filzstifte sollten bereitliegen. Sinnvoll könnte auch sein, den Gruppen Kohlepapier und Schreibmaschinenpapier zu geben und sie zu bitten, Durchschriften der „Heiratsanzeigen" für alle Teilgruppen anzufertigen.

Pädagogische Hinweise
Die Spieler erhalten Rückmeldungen, wie sie von den anderen gesehen werden – insbesondere in Hinblick auf ihre geschlechtsspezifische Selbstdarstellung. Das Ausmaß an Offenheit in dieser Rückmeldung können die Spieler frei bestimmen. Durch die Aufteilung in Teilgruppen erhalten die Rückmeldungen in der Regel ein größeres Maß an Verantwortlichkeit dem Betreffenden gegenüber. Die Ratephase in den Teilgruppen ist eine gute Möglichkeit, die Vorstellungen über die einzelnen Gruppenmitglieder untereinander auszutauschen. Der Spielleiter sollte sich in vollem Umfang in das Spiel einbeziehen, also auch in den Teilgruppen mitmachen.

SPIELLEITER VERZAUBERN

Kooperationsspiel, Kreatives Spiel, Mal- und Zeichenspiel, Phantasiespiel
Ort: Drinnen, Gruppenraum / Klassenraum, Tischgruppen
Dauer: Sehr lang (über 30 Minuten)
Altersstufe: Ab 16 Jahren, für Erwachsene interessant
Gruppengröße: Mittlere Gruppe (10–20), Großgruppe (über 20)

Beschreibung des Spiels
In der Phantasie können wir alles mögliche bewirken, so auch die Spielleiterin verzaubern. Als was hätten wir sie gerne? In welcher neuen Gestalt sieht sie besonders lustig aus? Welches Tier oder welche Pflanze trifft Eigenarten und Verhaltensweisen am besten? Wie ist ihre Umgebung beschaffen? In was können sich die Gruppenmitglieder verwandeln? Je nach Alter der Spieler sollte die Verzauberungsaufgabe einmal stärker die Phantasie und den Spaß, ein anderes Mal die Feedback-Absicht betonen. Mit welchen Gestaltungsmitteln die „Verzauberung" stattfinden soll, können die Spieler selbst entscheiden: Pinsel und Farben, Ölkreiden, Wachsmalstifte, Filzstifte, Collagen von Bildern aus Zeitschriften oder aus Naturmaterialien. Danach werden die Verwandlungen vorgestellt und erörtert.

Variation
Je nach Art und Zusammensetzung der Gruppe können die Themen der bildnerischen Gestaltung verändert werden: „Ich und die Gruppe", „Die Spielleiterin und ihre Gruppe", „Bergbesteigung" – um nur einige Themen zu nennen, die geeignet sein können, die Feedbackaspekte des Spiels zu präzisieren.

Hilfsmittel für die Durchführung
Der Einführung in das Spiel kommt besonderes Gewicht zu. Die Spielleiterin sollte sich bei Jüngeren eine Geschichte, ein Märchen oder einen Traum ausdenken, der die Spieler zu ihren Gestaltungen anregt. Bei Älteren können Bildmeditationen vor der Gestaltung sinnvoll sein (z.B. „Zirkusaufführung", „Blumenwiese", „Wald"). Für die Bildgestaltung sollte den Spielern ausreichend Material zur Verfügung gestellt werden: großformatiges Papier, Pinsel, Stifte, Illustrierte usw.

Pädagogische Hinweise
Das Spiel spricht einen breiten Bereich an Fähigkeiten und Interessen an und kann je nach Altersgruppe recht unterschiedlich wirken. Im Vordergrund steht die Gestaltungsabsicht, die bei Jüngeren lustig und märchenhaft sein kann.

TIERQUIZ

Kreatives Spiel, Schreibspiel
Ort: Drinnen, Gruppenraum / Klassenraum
Dauer: Lang (15–30 Minuten)
Altersstufe: Ab 12 Jahren, für Erwachsene interessant
Gruppengröße: Kleingruppe (bis 10), Mittlere Gruppe (10–20)

Beschreibung des Spiels
Um mitzuteilen, wie man andere Menschen wahrgenommen hat, kann man auch bildhaft vergleichende Formen wählen, z.B.: „Du krähst wie ein Gockel auf dem Mist." In „Tierquiz" haben die Spieler die Möglichkeit, etwas über sich und andere in dieser metaphorischen Form mitzuteilen. Dazu werden die Namen aller Spieler auf Zettel geschrieben; jeder zieht einen davon. Für die auf den Zettel stehende Person und für sich selbst schreibt er nun einen Tiervergleich auf zwei Karteikarten (von unterschiedlicher Farbe). Der Tiervergleich sollte ruhig etwas ausführlicher ausfallen und die wahrgenommenen Verhaltensweisen, Fähigkeiten, Stärken und Schwächen zum Inhalt haben. Sind alle Spieler mit ihren Vorbereitungen fertig, werden die Karteikarten eingesammelt und in zwei Gruppen geordnet: 1) Tiervergleiche mit der eigenen Person und 2) Tiervergleiche mit einer fremden Person. Daraufhin werden alle Tiervergleiche zur eigenen Person vorgelesen.
Die Gruppe stellt Mutmaßungen darüber an, welche Person jeweils gemeint war. Dann wird versucht, die

beiden, eine Person betreffenden, Tiervergleiche zu finden (Selbstvergleich und Fremdvergleich). Zum Schluß folgt die Auflösung des Tierquiz. In einem Auswertungsgespräch kann die Gruppe erörtern, welche Tiervergleiche sie als gelungen und treffend angesehen hat und ob bei bestimmten Tieren immer das gleiche verstanden wird.

Variation
Bei sehr kleinen Gruppen (unter 8 Spielern) kann jeder über jeden eine Tiermetapher anfertigen. Anstelle eines Tiervergleichs können die Spieler sich auch auf Pflanzen, Möbelstücke, Landschaften oder auch nur auf die Beschreibung von Eigenschaften einigen.

Hilfsmittel für die Durchführung
Der Spielleiter sollte zwei gleichgroße, aber verschiedenfarbige Sorten von Karteikarten sowie Filzstifte den Spielern zur Verfügung stellen. Bei jüngeren Spielern können zum Tiervergleich auch Skizzen des „Tieres" angefertigt werden.

Pädagogische Hinweise
Ein Feedback in Form eines Tiervergleichs wirkt häufig weniger belastend und verletzend als Rückmeldungen in „Klartext". Tiermetaphern haben den Vorzug, Vorzüge und Nachteile zugleich zu enthalten. Gleichwohl sollte das Spiel nur solchen Gruppen vorgeschlagen werden, die eine deutliche Selbsterfahrungsabsicht besitzen. Der Spielleiter sollte sich in vollem Umfang in das Spiel einbeziehen.

UNTER EINEN HUT GEBRACHT

Kreatives Spiel, Sprechspiel
Ort: Drinnen, Gruppenraum / Klassenraum
Dauer: Mittel (5–15 Minuten)
Altersstufe: Ab 12 Jahren, für Erwachsene interessant
Gruppengröße: Kleingruppe (bis 10), Mittlere Gruppe (10–20)

Beschreibung des Spiels
Es geht darum, das Besondere und Beachtenswerte einer Person „unter einen Hut" zu bringen. Unter einer größeren Sammlung verschiedener Kopfbedeckungen (vom Kopftuch über Kochmütze, Strohhut, Cowboy-Hut bis zum Zylinder) wählt die Gruppe für jeden das Geeignete aus. Die Kopfbedeckung sollte so ausgewählt (und kommentiert werden), daß damit besondere Eigenarten des betreffenden Spielers zum Ausdruck kommen. Beispiel: „Zu dir, Klaus, paßt am besten der Cowboy-Hut. Ich brauche nur daran zu denken, wie abenteuerlich du lebst, daß du gerne reitest und daß du schon einmal für mehrere Monate im Westen der USA gewesen bist."

Variation
Jeder Spieler kann auch für sich selbst eine Kopfbedeckung auswählen und die Wahl der Gruppe erläutern.

Hilfsmittel für die Durchführung
Der Spielleiter sollte über eine große Sammlung verschiedener Kopfbedeckungen verfügen, auf jeden Fall mehr, als Spieler vorhanden sind. „Verzierungen" wie Schleifen, Papierblumen, Bänder könnten nützlich sein. Hat jeder seinen Hut gefunden, könnte man ein Gruppenfoto anfertigen. Das Spiel eignet sich recht gut für das Ende einer Veranstaltung.

Pädagogische Hinweise
Das Spiel ermöglicht eine lockere Form des Feedbacks. Spielerisch-spaßhaft können sich die Spieler mit den Eigenarten der anderen auseinandersetzen und diese charakterisieren, indem sie versuchen, das, was die Person ausmacht, „unter einen Hut" zu bringen. Die Spieler sollten Spaß verstehen können und die Rückmeldungen nicht allzu bierernst aufnehmen. Der Spielleiter sollte sich in vollem Umfang in das Spiel einbeziehen und für sich auch eine Kopfbedeckung aussuchen lassen.

WANTED!

Kreatives Spiel, Schreibspiel
Ort: Drinnen, Gruppenraum / Klassenraum
Dauer: Lang (15–30 Minuten)
Altersstufe: Ab 16 Jahren, für Erwachsene interessant
Gruppengröße: Mittlere Gruppe (10–20)

Beschreibung des Spiels
Die Namen aller Gruppenmitglieder werden auf Zettel geschrieben; jeder zieht einen davon. Jeweils zwei Spieler tun sich zusammen und gestalten „Steckbriefe" zu den beiden gezogenen Gruppenmitgliedern. Sie wählen dazu einen „Ganovennamen", eine „Tat" mit „Tathergang", die Beschreibung des „Täters" (mit besonderen Merkmalen). Ferner setzen sie eine „Belohnung" für dessen „Ergreifung" aus. Es kann auch eine Porträtskizze angefertigt werden. Die „Steckbriefe" werden aufgehängt und die Gruppe erörtert, wer im einzelnen gemeint sein könnte. Im Auswertungsgespräch können die besonderen Merkmale und Eigenarten der Spieler noch einmal angesprochen werden.

Variation
Die Spieler können die „Steckbriefe" auch spontan im Stuhlkreis formulieren und die anderen raten lassen, wer wohl gemeint ist. Dies setzt entsprechende Sprachgewandtheit der Spieler und ein näheres Vertrautsein voraus. In dieser Form ist Wanted! auch etwas lockerer und wohl auch unverbindlicher.

Hilfsmittel für die Durchführung
Großformatiges Papier, Farbstifte, alte Illustrierte, Klebstoff und Scheren sollten bereitliegen. Wird die Gruppe von der Aufgabe sehr angesprochen, sollte man auch mehr Zeit zur Verfügung stellen. Im anderen Falle reicht es auch, wenn die „Steckbriefe" schriftlich verfaßt und anschließend vorgelesen werden.

Pädagogische Hinweise
Durch Sprachwitz und die Form als „Steckbrief" können auch als negativ geltende Eigenarten humorvoll „verpackt" werden. Die Annahme des Feedbacks kann damit erleichtert werden. Das Spiel bietet eine gute Möglichkeit, Gruppenmitglieder in ihren Eigenarten zu akzeptieren. Der Spielleiter sollte sich voll einbeziehen und über sich ebenfalls einen „Steckbrief" erstellen lassen.

WIE GEMALT

Beobachtungsspiel, Erzählspiel, Partnerspiel, Sprechspiel
Ort: Drinnen, Gruppenraum / Klassenraum, Stuhlkreis
Dauer: Lang (15–30 Minuten)
Altersstufe: Ab 12 Jahren, für Erwachsene interessant
Gruppengröße: Kleingruppe (bis 10), Mittlere Gruppe (10–20)

Beschreibung des Spiels
Jeder hat über andere bestimmte Vorstellungen, aber auch Phantasien, wer er ist und wie er handelt. In diesem Spiel können insbesondere die (häufig unbewußten) Phantasien entwickelt und geäußert werden. Dazu setzt sich die Hälfte der Gruppe in einen Stuhlkreis. Die andere Hälfte stellt sich hinter jeweils einen der sitzenden Spieler, so daß sich Paare bilden. Reihum erzählen die stehenden Spieler der Gruppe ein „lebensechtes" Bild, in dem die jeweils vor ihnen sitzenden Spieler vorkommen: Genaues Aussehen, Kleidung, andere Personen, Umgebung, Farben, Stimmung im Bild, Geschehnisse usw. Der „gemalte" Spieler kann sich zu dem „Wortgemälde" äußern und dem „Maler" auch Korrekturwünsche vorschlagen, auf die er sich einlassen, die er aber auch ablehnen kann. Hat die Gruppe noch weiteres Interesse an dem Spiel, können die stehenden Spieler im Uhrzeigersinn um eine Person weiterwandern und erneut „Gemälde" entwickeln. Sie können auch die Rolle mit den sitzenden Spielern tauschen.

Variation
Anstelle eines „Wortgemäldes" können die Spieler auch Zeichnungen anfertigen, die aufgehängt und besprochen werden. Dazu müssen die Namen aller Spieler auf Zettel geschrieben und gezogen werden.

Hilfsmittel für die Durchführung
Ein etwas ausführlicheres Auswertungsgespräch sollte erst am Schluß aller „Gemälde" erfolgen. Zwischendurch könnten Reflexionen die Phantasieentwicklungen beeinträchtigen.

Pädagogische Hinweise
Im Spiel können die Spieler in phantasievoller Form zu ihren oft unbewußten Vorstellungen gelangen. Häufig sagen die „Gemälde" mehr über die „Maler" als über die „Gemalten" etwas aus. Ein Psychologisieren des Spiels könnte die Phantasieentwicklung sehr rasch stoppen. Besser ist es, weiterführende Fragen an den „Maler" zu richten und ihn zu weitergehenden Phantasien anzuregen. Das Spiel setzt Gruppen voraus, die sich mit tiefgehenden eigenen Phantasien auseinandersetzen möchten. Der Spielleiter sollte in vollem Umfang mitwirken und ggf. damit beginnen, ein „Phantasiegemälde" zu erzählen.

WORTGESCHENKE

Kennenlernspiel, Ruhiges Spiel, Schreibspiel
Ort: Drinnen, Gruppenraum / Klassenraum, Tischgruppen
Dauer: Lang (15–30 Minuten)
Altersstufe: Ab 8 Jahren
Gruppengröße: Kleingruppe (bis 10), Mittlere Gruppe (10–20)

Beschreibung des Spiels
Den Spielern wird ausreichend Zeit gegeben, schöne/bedeutungsvolle Wörter einzeln auf einen Zettel zu schreiben. Die Spieler sollten Sorgfalt darauf verwenden, diese Wörter besonders schön zu schreiben bzw. so, daß ihre Bedeutung durch die Art des Schreibens deutlich wird. Nach einer Weile stehen alle auf und gehen im Kreis herum. Sie verschenken ihre Zettel an diejenigen Mitspieler, zu denen die „Wortgeschenke" passen. Danach kann es in bestimmten Gruppen sinnvoll sein, über das Spiel zu sprechen und etwas zu den Geschenken (aus der Sicht der Schenkenden wie der Beschenkten) zu sagen.

Variation
Anstelle eines „Wortgeschenkes" können auch Klänge, Töne, Melodien „verschenkt" werden, die die Mitspieler zunächst für sich auf einem Instrument entwickeln.

Hilfsmittel für die Durchführung
Kartonierte Zettel, Schreib- und Malgeräte sollten in ausreichender Menge vorhanden sein. Wichtig ist, den Teilnehmern Zeit zu lassen, für sie wichtige Wörter zu finden und in angemessener Form niederzuschreiben.

Pädagogische Hinweise
Das Spiel bietet eine gute Möglichkeit, sich selbst und andere besser kennenzulernen. Dabei sind WORTGESCHENKE eine eher positive Möglichkeit, den Mitspielern Feedback zu geben. Gleichwohl setzt das Spiel von seiten der Gruppenmitglieder eine Atmosphäre voraus, die den Mitspieler grundsätzlich akzeptiert und in der das Ausmaß feindseliger Reaktionen nicht allzu groß ist. Das Spiel erfordert von daher eine verantwortungsvolle Gruppenleiterin, die ihre Gruppe und die einzelnen Mitglieder schon etwas genauer kennt. Auf jeden Fall sollte dieses Spiel nicht unmittelbar am Anfang eines Gruppenprozesses stehen.

SICH IN ANDERE
HINEINVERSETZEN

AUF DER LINIE

Bewegunsspiel, Kooperationsspiel, Partnerspiel, Vertrauensspiel
Ort: Drinnen, Gruppenraum / Klassenraum
Dauer: Mittel (5–15 Minuten)
Altersstufe: Ab 10 Jahren, für Erwachsene interessant
Gruppengröße: Mittlere Gruppe (10–20), Großgruppe (über 20)

Beschreibung des Spiels
In diesem Partnerspiel geht es darum, den „blinden" Mitspieler in rechter Weise „auf der Linie" zu halten. Zu diesem Zweck wird auf dem Boden eine gewundene Linie mit Kreide oder Tesakrepp markiert. Rechts und links dieser Linie werden Hindernisse gestellt. Die beiden Partner sprechen nun Laute oder Geräusche miteinander ab, die helfen sollen, damit der Partner mit den verbundenen Augen auch genau auf der Linie entlanggeht. Und nun geht es los. Dem einen Spieler werden die Augen verbunden. Der andere führt ihn

zum Startpunkt und lenkt ihn danach akustisch so, daß er auf der Linie bleibt. Danach werden die Rollen getauscht: Der „Blinde" wird zum „Führer" und umgekehrt.

Variation
Bei geübteren Spielern (oder bei nochmaligem Spiel) kann das Spiel so modifiziert werden, daß zwei „Blinde" sich anfassen und von einem dritten Spieler dirigiert werden.

Hilfsmittel für die Durchführung
Tesakrepp oder Kreide zur Markierung der Wegstrecke sollte bereitliegen, ebenso Augenbinden. Bei ungeübteren Spielern sollte man vor dem eigentlichen Spiel den Paaren Gelegenheit für das Üben der Koordination geben.

Pädagogische Hinweise
Das Spiel ist eine gute Möglichkeit, wechselseitig Vertrauen zueinander zu fassen und sich in die Situation des anderen hineinzuversetzen. Das Spiel ist wegen seiner großen Anschaulichkeit auch schon für etwas jüngere Spieler geeignet. Besonders wirkungsvoll ist dieses Spielangebot für Gruppen, die sich mit Kommunikation im weitesten Sinne befassen. Je nach Gruppe sollte die Spielleiterin in vollem Umfang mitwirken oder als Koordinatorin und Helferin zur Verfügung stehen.

HETEROGRAMME

Schreibspiel
Ort: Drinnen, Gruppenraum / Klassenraum, Stuhlkreis
Dauer: Mittel (5–15 Minuten)
Altersstufe: Ab 16 Jahren, für Erwachsene interessant
Gruppengröße: Kleingruppe (bis 10), Mittlere Gruppe (10–20)

Beschreibung des Spiels
Die Art, wie man schreibt, kann Mitteilungscharakter haben: Eine runde, schwingende Schrift wirkt anders als eine spitze und eckige, groß anders als klein, sauber und leserlich anders als verschmiert und unklar. Mit der Art, wie man schreibt, kann man auch etwas über eine Person mitteilen. Und um genau das geht es bei diesem Spiel. Jeder Spieler erhält einen Stoß Karteikarten und schreibt auf jede Karte den Namen eines der Gruppenmitglieder. Dabei teilt er durch Art und Form des Schreibens, durch die Wahl des Stiftes, die Größe der Buchstaben etwas über die wahrgenommenen Eigenarten des Namensträgers mit. Jeder Spieler erhält seine Heterogramme und bringt sie in eine Rangfolge: von völlig zutreffend bis unzutreffend. Die Heterogramme jeden Spielers werden aufgehängt und können Anlaß zu einem Gespräch sein: Wie habe ich das Heterogramm gemeint, wie wurde es verstanden, wird der Eindruck über die Person von anderen geteilt?

Variation
Anstelle oder zusätzlich kann man auch allgemein verständliche Symbole verwenden (Sonne, Wasser, Eis, eine blühende Blume usw.).

Hilfsmittel für die Durchführung
Karteikarten, Farbstifte. usw. sollten bereitliegen. Manchmal ist es günstiger, eine lockere und offene Gesprächsform zu wählen als ein Kreisgespräch.

Pädagogische Hinweise
Das Spiel bietet auf indirekte Weise die Möglichkeit, Eindrücke über andere Personen mitzuteilen und mit anderen Eindrücken zu vergleichen. Je nach Aussprachefähigkeit und Aussprachewunsch der Teilnehmer können die Heterogramme Anlaß zu einem Gespräch bieten. Das Spiel sollte auf Teilnehmer beschränkt bleiben, die eine deutliche Selbsterfahrungsabsicht haben. Spaß und Unterhaltung stehen bei diesem Spiel nicht im Mittelpunkt. Der Gruppenleiter sollte das Spiel in vollem Umfang mitmachen, also auch Heterogramme anfertigen und über sich anfertigen lassen.

HANDLICHE GEFÜHLE

Kreatives Spiel, Partnerspiel, Ratespiel, Ruhiges Spiel, Vertrauensspiel
Ort: Drinnen, Gruppenraum / Klassenraum, Turnhalle / Großer Raum
Dauer: Mittel (5–15 Minuten)
Altersstufe: Ab 8 Jahren, für Erwachsene interessant
Gruppengröße: Kleingruppe (bis 10)

Beschreibung des Spiels
Zwei Spieler tun sich zusammen und tauschen Gefühle aus. Das Paar erhält einen Satz Zettel mit verschiedenen Gefühlszuständen, z.B. „lustig", „traurig", „hinterhältig", „zornig". Einer der beiden Spieler schließt die Augen und legt seine Hand vor sich auf den Tisch. Der andere Spieler zieht den ersten Zettel und berührt die Hand seines Mitspielers so, daß das angegebene Gefühl für ihn deutlich wird. Errät der Spieler das Gefühl, wechseln sie die Rollen. Das geht so lange, bis der Kartenstoß aufgebraucht ist oder die Spieler keinen Spaß mehr an dem Spiel haben.

Variation
Bei kleineren Gruppen könnte es reizvoll sein, das Gefühl im Kreis wandern zu lassen: Die Gruppe setzt sich in einen Stuhlkreis, und das Gefühl wird durch Berühren der Hand von Spieler zu Spieler weitergegeben.

Hilfsmittel für die Durchführung
Vorteilhaft auf das Gelingen dieses Spiels wirkt sich ein relativ großer, ruhiger Raum aus, in dem sich die Spieler so verteilen können, daß sich die Paare weitgehend unbeeinflußt durch andere dem Spiel zuwenden können.

Pädagogische Hinweise
Das Spiel setzt eine ruhige und entspannte Gruppe voraus, die Spaß daran hat, mit den Formen des Gefühlsausdrucks zu experimentieren. Das Spiel fördert die Fähigkeit, Gefühle angemessen auszudrücken und wahrzunehmen. Die Spielleiterin sollte die Spieler ermutigen, in den Paaren über die Wahrnehmung zu reden und auch Erfahrungen aus der Lebenswelt einfließen zu lassen. Bei Kindern ist es sinnvoll, daß die Spielleiterin die einzelnen Paare berät.

IM SCHNECKENHAUS

Partnerspiel
Ort: Drinnen, Gruppenraum / Klassenraum
Dauer: Lang (15–30 Minuten)
Altersstufe: Ab 16 Jahren, für Erwachsene interessant
Gruppengröße: Kleingruppe (bis 10), Mittlere Gruppe (10–20)

Beschreibung des Spiels

Die Gruppe bildet Paare. Jeweils einer der beiden Spieler hat sich ins „Schneckenhaus" zurückgezogen, ist „beleidigt" und nicht ansprechbar: Er rollt sich eng zusammen. Kopf auf die Knie, Schulter angezogen, Rücken gekrümmt, Beine fest mit den Armen umschlossen. Augen geschlossen und stumm. In dieser Haltung verharrt er einige Zeit und versucht sich das Gefühl, „beleidigt" zu sein, intensiv vorzustellen (und auch Situationen, in denen er dieses Gefühl gehabt hat). Der andere überlegt derweilen, wie er seinen Partner aus der Erstarrung lösen kann und erinnert sich auch an Situationen, in denen er jemanden aus dem „Schneckenhaus" befreit hat. Dann beginnt er, seinen Partner vorsichtig aus dem „Schneckenhaus" zu befreien – wortlos oder mit Worten. Anschließend können beide über die Erfahrungen sprechen (Wann entstand Widerstand?, Wodurch wurde er gelockert?, Wurde genug Geduld und Beharrlichkeit aufgebracht?, Welche Gefühle hatten beide hinterher?, Fiel es schwer, im „Schneckenhaus" zu sein?) und dann mit umgekehrten Rollen das Spiel neu beginnen.

Variation
Es können auch konkrete Situationen vorgegeben werden, die darauf hinauslaufen, daß einer den anderen aus dem „Schneckenhaus" locken muß. Diese Situationen sind sprachlich und körperlich in einem Rollenspiel zu bewältigen. Beispiel: Der Freund hat den Geburtstag seiner Freundin vergessen; sie ist „beleidigt" und „schmollt".

Hilfsmittel für die Durchführung
Der Spielleiter kann demonstrieren wie es aussieht, wenn sich jemand ins „Schneckenhaus" zurückgezogen hat.

Pädagogische Hinweise
Das Spiel erfordert große Behutsamkeit und ausgeprägte Bereitschaft, sich auf andere Spieler auch körperlich einzulassen. Es kann intensive Erfahrungen über das eigene Partnerverhalten vermitteln, insbesondere mit Blick auf Rückzug und Initiative. Bei großer Aussprachefähigkeit in der Gruppe können die Erfahrungen im Spiel auch mit Erfahrungen in der Partnerschaft verglichen werden. In vielen Fällen ist es nicht sinnvoll, die Erfahrungen im Spiel durch ein Gespräch in der Gesamtgruppe zu vertiefen. Die Abwehrschranke kann sehr schnell erreicht werden. Der Spielleiter sollte sich in vollem Umfang in das Spiel einbeziehen.

KLANGVOLLER NAME

Kennenlernspiel, Schreibspiel
Ort: Drinnen, Gruppenraum / Klassenraum
Dauer: Lang (15–30 Minuten)
Altersstufe: Ab 16 Jahren, für Erwachsene interessant
Gruppengröße: Kleingruppe (bis 10), Mittlere Gruppe (10–20)

Beschreibung des Spiels
Jeder Spieler erhält eine größere Anzahl Karteikarten (etwa im Format DIN A6). Reihum sagt jeder seinen Namen. In die Art, wie er seinen Namen ausspricht, legt er ein Gefühl oder eine Mitteilungsabsicht hinein, z.B. ängstlich, stolz, heiter. Die Gruppenmitglieder schreiben den Namen auf eine ihrer Karteikarten und zwar so, daß sich in der Art des Schriftzuges etwas von der Mitteilungsabsicht wiederfindet. Sagt jemand z.B. seinen Namen recht ängstlich, erscheint der Schriftzug zaghaft und zittrig. Zum Schluß erhält jeder Spieler die Karten mit seinem Namen. Daran schließt sich ein Gespräch an: Wie habe ich mich selbst beim Aussprechen des Namens empfunden? Wie haben die anderen mich wahrgenommen? In welcher Weise habe ich die Schriftzüge gedeutet?

Variation

Der Spielleiter sagt seinen Namen mit einer bestimmten Mitteilungsabsicht. Die Gruppenmitglieder sagen daraufhin reihum ihren Namen mit der gleichen Absicht. Vereinbart werden kann auch, daß die Spieler stehend ihren Namen sagen und durch die Körperhaltung und durch Gesten die Mitteilungsabsicht noch unterstützen.

Hilfsmittel für die Durchführung

Für das Spiel ist ein Stuhlkreis sinnvoll. Festere Karteikarten und Filzstifte in verschiedenen Farben sollten in größerer Menge zur Verfügung stehen.

Pädagogische Hinweise

Das Spiel geht weit über das Lernen der Namen der Gruppenmitglieder hinaus. Vielmehr werden die Wirkungen der einzelnen Personen (beim Nennen ihres Namens) zurückgespiegelt: Die Spieler erhalten ein Feedback darüber, wie die anderen sie wahrgenommen haben. Dieses Spiel setzt daher Gruppen mit bestimmten Zielsetzungen voraus. Das Spiel ist auch nicht voraussetzungslos. Es kann vielmehr notwendig sein, daß der Spielleiter vor Beginn des Spiels die Spielforderungen erörtert und mit den Spielern beispielhaft erprobt.

PHANTASIEANTWORT

Kreatives Spiel, Schreibspiel
Ort: Drinnen, Gruppenraum / Klassenraum, Stuhlkreis
Dauer: Lang (15–30 Minuten)
Altersstufe: Ab 12 Jahren, für Erwachsene interessant
Gruppengröße: Mittlere Gruppe (10–20)

Beschreibung des Spiels
Die Namen aller Spieler werden auf Karteikarten geschrieben. Verdeckt zieht jeder Spieler eine davon. Insgeheim denkt er sich eine Frage aus, die er an diesen Spieler stellen will. Dann stellt er sich vor, wie dieser Spieler darauf reagieren und welche Antwort er geben wird. Dies notiert er sich ebenfalls. Haben alle Spieler ihre Vorbereitungen abgeschlossen, werden reihum die Fragen gestellt und die tatsächlichen Reaktionen mit den mutmaßlichen verglichen. In einer zweiten Runde kann erörtert werden, warum es zu bestimmten Vorurteilsbildungen gekommen ist und ob ähnliche bei anderen Spielern vorhanden waren.

Variation
Anstelle von Frage, mutmaßlicher Antwort und Antwort können Teilgruppen sich auch Situationen ausdenken, in denen mehr als eine Antwort notwendig ist, und deren mutmaßliche Reaktion in ein Rollenspiel einfließt. Der Spieler, über den die Teilgruppe Mutmaßungen anstellt, muß also in einem Rollenspiel handeln (Beispiele: Warteschlange vor einem Postschalter, Freundin kommt zu spät, vom Fahrkartenkontrolleur ohne Fahrkarte angetroffen).

Hilfsmittel für die Durchführung
Karteikarten und Filzstifte sollten bereitliegen. In der Auswertung sollten psychologische Ausdeutungen weitgehend vermieden werden. Günstiger ist, die Spieler selbst zu befragen.

Pädagogische Hinweise
Das Spiel ermöglicht eine unmittelbare Konfrontation zwischen realem Verhalten und Mutmaßungen darüber. Es gibt Aufschluß, wie man von anderen eingeschätzt wird und welche Eigenanteile Mutmaßungen bestimmen. Das Spiel ist für Gruppen geeignet, die sich etwas intensiver mit sich und den anderen auseinandersetzen möchten. Trotz Ernsthaftigkeit ist das Spiel für Spaß und Überraschungen gut. Der Spielleiter sollte voll mitwirken, also auch eine Karteikarte ziehen.

VORURTEILE

Kennenlernspiel, Ratespiel
Ort: Drinnen, Gruppenraum / Klassenraum
Dauer: Sehr lang (über 30 Minuten)
Altersstufe: Ab 10 Jahren, für Erwachsene interessant
Gruppengröße: Kleingruppe (bis 10)

Beschreibung des Spiels
Die Gruppe entwickelt gemeinsam Fragen, auf die man mit „ja" oder mit „nein" antworten kann. Gefragt werden kann nach Vorlieben, Interessen, Werthaltungen, Handlungsabsichten, Gefühlen – also nach allem, was mitteilenswert und interessant ist. Beispiele: Liebst du es, im Regen spazieren zu gehen? Magst du Hunde? Gibst du einem Bettler am Straßenrand etwas? Kannst du Motorrad fahren? Bist du mit deinem Beruf zufrieden? Alsdann erhält jeder Spieler zwei gleichgroße Stücke Papier, auf die er „JA" und „NEIN" schreibt. Nun beginnt das Spiel: Reihum zieht jeder Spieler eine Fragekarte, liest sie vor und schiebt verdeckt seine Ja-Karte oder seine Nein-Karte vor sich. Die anderen Spieler schieben ebenfalls verdeckt eine ihrer beiden Karten vor sich. Gleichzeitig werden die Karten aufgedeckt, und die Spieler prüfen, ob sie ihren Mitspieler richtig oder falsch eingeschätzt haben. Daran kann sich ein kurzes Gespräch anschließen.

Variation
Um die Möglichkeit zu haben, das Ausmaß der Offenheit nicht vom Zufall abhängig zu machen, kann vereinbart werden, „schwierigere" Fragen auf den einen Stapel, „leichtere" auf den anderen zu legen. Der Spieler kann dann auswählen, von welchem Stapel er Karten nimmt. Anstelle von Fragen und Antworten können sich Teilgruppen auch Situationen ausdenken, die als Rollenspiel gespielt werden. Dabei notieren die Teilnehmer für sich die vermutete Reaktion eines Mitspielers aus einer anderen Teilgruppe und vergleichen sie mit dem tatsächlich gezeigten Verhalten.

Hilfsmittel für die Durchführung
Geeignet sind Karteikarten im Format DIN A6. Filzstifte sollten in ausreichender Zahl vorhanden sein. Günstig ist ein Stuhlkreis um einen großen Tisch. Die Spieler können sich auch ihre richtigen und falschen Vorhersagen, bezogen auf jeden Mitspieler, notieren und mit den Ergebnissen der anderen Spieler vergleichen.

Pädagogische Hinweise
Mit relativ einfachen Mitteln kann man bei diesem Spiel Vorurteile erkennen. Das Spiel schafft auch gute Möglichkeiten, über verschiedene Problembereiche ins Gespräch zu kommen. Da für jede Gruppe andere Themen interessant sind, können vorbereitete Fragekarten allenfalls ergänzend mit einbezogen werden. Es empfiehlt sich, daß der Spielleiter mit der Beantwortung der Fragen beginnt.

SICH IN DER GRUPPE ERFAHREN

AUF WOHNUNGSSUCHE

Darstellendes Spiel, Kooperationsspiel, Planspiel, Rollenspiel
Ort: Drinnen, Gruppenraum / Klassenraum, Turnhalle / Großer Raum
Dauer: Sehr lang (über 30 Minuten)
Altersstufe: Ab 16 Jahren, für Erwachsene interessant
Gruppengröße: Kleingruppe (bis 10), Mittlere Gruppe (10–20)

Beschreibung des Spiels
Eine alte Hausbesitzerin ist gestorben. Die Erbengemeinschaft muß gemeinsam entscheiden, wer in die Wohnung (4 Zimmer, Küche, Bad; 100 qm) einziehen soll. Ferner soll entschieden werden, wie hoch die Miete sein soll. Es haben sich verschiedene Bewerber gemeldet, mit denen man jeweils ein Gespräch führt. Die Spieler bilden drei etwa gleichgroße Gruppen: „Erbengemeinschaft"; „Bewerber" und „Beobachter". Es werden Rollenzettel für die „Bewerber" vorbereitet: 1) kinderreiche Familie mit geringem Einkommen; 2) kinderloses Ehepaar; beide berufstätig; 3) Höherer Beamter mit Frau und Sohn; 4) Wohngemeinschaft mit 4 Studentinnen und Studenten; 5) Psychologe, der eine Praxis eröffnen will; 6) Vertreter der Jugendbehörde, der eine Wohnung für eine therapeutische Wohngemeinschaft sucht; 7) Gutsituierter Junggeselle, der eine Stadtwohnung in der Nähe seines Unternehmens sucht. Jeder Spieler aus der Gruppe der „Bewerber" zieht einen Zettel und versucht, diese Rolle zu spielen. Die

Beobachter machen sich Notizen zum Entscheidungsprozeß und zu den geäußerten Argumenten. Ferner beobachten sie, wie geschickt sich die einzelnen „Bewerber" in ihren Rollen verhalten.

Variation
Je nach Art und Zusammensetzung der Gruppe können verwandte Spielinhalte gewählt werden, die auf eine Entscheidung innerhalb der Gruppe herauslaufen: Verkauf eines Hauses, Überlassung eines Hundes (Pferdes, Papageien), Besetzung einer Stelle.

Hilfsmittel für die Durchführung
Je nach Gruppe können die Rollenzettel gemeinsam entwickelt oder müssen vorgegeben werden. Die Beobachter könnte man mit Beobachtungsbögen ausstatten, auf denen die wichtigsten Beobachtungskriterien vermerkt sind.

Pädagogische Hinweise
Das Spiel eröffnet sowohl Erkenntnisse über Entscheidungsprozesse als auch über die Problematik auf dem Wohnungsmarkt. Die Verknüpfung und wechselseitige Beeinflussung von Gruppendynamik und Spielinhalt machen den Reiz der Auswertung dieses Spiels aus. Das Spiel setzt problembewußte Spieler voraus, die auch bereit sind, über inhaltliche Probleme zu diskutieren. Der Spielleiter sollte die Rolle des Beobachters wahrnehmen.

DER MENSCH IST KEINE INSEL

Kennenlernspiel, Kontaktspiel, Ruhiges Spiel
Ort: Drinnen, Gruppenraum / Klassenraum, Turnhalle / Großer Raum, Draußen, Wiese
Dauer: Lang (15–30 Minuten)
Altersstufe: Ab 16 Jahren, für Erwachsene interessant
Gruppengröße: Mittlere Gruppe (10–20), Großgruppe (über 20)

Beschreibung des Spiels
Am Anfang des Spiels ist jeder Spieler allein. Er sitzt auf einer „Eisscholle" und hält nach den anderen Ausschau. Die Spieler dürfen nicht miteinander sprechen. Sie können jedoch versuchen, sich durch Mimik oder Gestik zu verständigen. Haben so zwei Spieler Kontakt miteinander aufgenommen und wollen sie einander näherkommen, rücken sie zusammen. Sie sind nicht mehr allein, wenn ihre „Eisschollen" (Wolldecken, Zeitungen, Sitzkissen) aneinander grenzen. Sie können nun einverständlich versuchen, weitere Mitspieler zum Zusammenschluß zu bewegen.
Hat sich so eine größere Gruppe gefunden, erhält sie ein kleines Wollknäuel, das sie (ohne miteinander zu reden) beliebig verwenden darf. Die Teilgruppe kann sich z.B. „einspinnen" oder aber versuchen, mit dem Knäuel Kontakt zu anderen Gruppen herzustellen.

Variation

Jeder kann während des Spiels die Teilgruppe wechseln, Teilgruppen können sich auch vollständig auflösen. In Spielgruppen mit Selbsterfahrungscharakter kann das Spiel auch zur Verdeutlichung von Nähe-Distanz-Problemen verwendet werden.

Hilfsmittel für die Durchführung

Am besten geeignet ist ein großer Raum ohne Stühle, möglichst mit Teppichboden. Die Spieler sollten zwischen Zeitungen, Sitzkissen und Wolldecken auswählen können. Geeignete, ruhige und leise Musik kann die Spielatmosphäre zusätzlich anregen.

Pädagogische Hinweise

Wichtig ist, daß das Spiel ruhig verläuft und daß nicht miteinander gesprochen wird. Für das Spiel sollte man sich Zeit nehmen und es nicht allzu früh abbrechen. Für etwas ältere Jugendliche und Erwachsene kann das Spiel Selbsterfahrungscharakter haben: Fällt es mir leicht, Kontakt aufzunehmen? Wie mache ich das? Habe ich damit Erfolg? Wie fühle ich mich allein in einer fremden Gruppe? Diesen Charakter des Spiels kann man durch ein anschließendes Gespräch noch vertiefen. Dazu sollte jedoch Interesse und Bereitschaft in der Gruppe vorhanden sein. Der Spielleiter sollte sich in vollem Umfang in das Spiel einbeziehen.

DEUTUNGEN

**Beobachtungsspiel, Kooperationsspiel,
Kreatives Spiel**
Ort: Drinnen, Gruppenraum / Klassenraum
Dauer: Sehr lang (über 30 Minuten)
Altersstufe: Ab 12 Jahren, für Erwachsene interessant
Gruppengröße: Kleingruppe (bis 10), Mittlere Gruppe (10–20)

Beschreibung des Spiels
Eine Weltraumexpedition hat von einem fernen Planeten seltsame Fotos mitgebracht. Ein Auswertungsteam hat die Aufgabe, herauszufinden, um was es sich bei den Aufnahmen handelt. Die Hälfte der Gruppe bildet das „Auswertungsteam", die anderen sind Beobachter. Das „Auswertungsteam" erhält vom Spielleiter etwa 12 verschiedene, seltsam anmutende Fotos (starke, verfremdende Ausschnitte, Makrofotos usw.) die Gruppe hat die Aufgabe, zu jedem Foto eine Deutung abzugeben. Sie kann realitätsbezogen oder auch phantasievoll sein. Jedes einzelne Teammitglied sollte sich für die ihm am besten erscheinende Deutung engagieren.

Variation
Stehen entsprechende Fotos nicht zur Verfügung, können „Klecksbilder" eine ähnliche Funktion einnehmen. Diese „Klecksbilder" lassen sich problemlos herstellen, indem man ein Blatt Papier faltet, es auf einer Seite bekleckst, dann zuklappt, kurz danach öffnet und schließlich trocknen läßt.

Hilfsmittel für die Durchführung
Geeignete Fotos sind wichtig, um das Spiel angemessen durchführen zu können. Es sollte sehr schwer sein, die Fotos in eindeutiger Weise zu erkennen. Sie sollten vielmehr einen breiten Spielraum an Deutungsmöglichkeiten eröffnen. Für die Beobachter könnten Beobachtungsbögen sinnvoll sein. Stehen ausreichend viele Bilder zur Verfügung, kann man das Spiel mit vertauschten Rollen wiederholen.

Pädagogische Hinweise
Das Spiel setzt Kreativität frei und erfordert einen angemessenen Entscheidungsprozeß in der Gruppe. Die einzelnen Beobachter können festhalten, wie sich die Teammitglieder dabei verhalten haben: produktiv oder abwartend; durchsetzungsfreudig oder nachgiebig; integrierend oder Einzelauffassungen betonend; alleine oder im Verbund mit anderen. Auch die Art der Deutung (und ihre Abhängigkeit vom Gruppenprozeß) kann Gegenstand des Auswertungsgesprächs werden. Dies alles ist nur dann sinnvoll, wenn die Gruppe deutliche Selbsterfahrungsabsichten besitzt. Der Spielleiter sollte die Beobachtungsrolle wahrnehmen.

FAMILIENBANDE

Experimentierspiel
Ort: Drinnen, Gruppenraum / Klassenraum, Tischgruppen
Dauer: Lang (15–30 Minuten)
Altersstufe: Ab 16 Jahren, für Erwachsene interessant
Gruppengröße: Kleingruppe (bis 10), Mittlere Gruppe (10–20)

Beschreibung des Spiels
„Die Gruppe als Familie". Unter diesem Thema stellt sich ein Spieler aus den Gruppenmitgliedern eine Familie zusammen; Mutter, Vater, Geschwister, Tanten und Onkeln, Ehefrau, Kinder, usw. Der Spieler gruppiert „seine Familie" um einen großen Tisch. Durch die Sitzordnung versucht er etwas zu den „Familienbanden" auszudrücken, die zwischen den Mitgliedern „seiner" Familie herrschen. Der Spieler selbst sucht sich eine Rolle in „seiner" Familie und wählt sich einen Platz. In einem Auswertungsgespräch können die Spieler ihre Rollen in den verschiedenen „Familien" miteinander vergleichen. Sie können auch Parallelen an-

sprechen zwischen ihrer „Gruppenfamilie" und ihren tatsächlichen „Familienbanden".

Variation
Von den „Familien" könnte man auch „Standfotos" anfertigen. Der „Familiengründer" kann bei dieser Variante auch Mimik, Gestik und Körperhaltung „seiner" Familienmitglieder bestimmen. Möglich ist es auch, daß nicht der „Familiengründer", sondern die Gruppenmitglieder ihren Platz in der „Familie" bestimmen und in einem anschließenden Gespräch erläutern.

Hilfsmittel für die Durchführung
Neben Stühlen und Tischen können auch Requisiten wie Tischdecke, Tassen und Teller, eine Blumenvase usw. für eine angemessene „Familienatmosphäre" sorgen. Mit einer Sofortbildkamera kann man „Familienbilder" machen.

Pädagogische Hinweise
Das Spiel bietet gute Möglichkeiten, die Beziehungen innerhalb der Gruppe zu klären, aber auch zu bearbeiten, welche Eigenanteile aus Familienbeziehungen in die Gruppe übertragen wurden. Das erfordert Spieler, die bereit sind, sich intensiv um Beziehungsklärungen zu bemühen. Der Spielleiter sollte sich in vollem Umfang in das Spiel einbeziehen und es auch zulassen, daß die Beziehungen der Gruppenmitglieder zu ihm zur Sprache kommen.

GESTRANDET

Kooperationsspiel
Ort: Drinnen, Turnhalle / Großer Raum, Draußen, Wiese
Dauer: Lang (15–30 Minuten)
Altersstufe: Ab 12 Jahren, für Erwachsene interessant
Gruppengröße: Kleingruppe (bis 10)

Beschreibung des Spiels
Die Spieler sind die einzigen Überlebenden einer Schiffskatastrophe und retten sich auf eine einsame Insel. Die Insel ist unbekannt, die Reste des Schiffes erkennt man am Horizont in einem Riff. Keiner weiß so recht, wie es weitergehen soll, wie man sich Essen und Trinken beschaffen kann, wie man Unwetter übersteht oder Kontakt zur Außenwelt aufnehmen kann. An diesem Punkt beginnt das Rollenspiel, an dem alle in der Gruppe beteiligt sind. Jeder versucht, seine Rolle zu finden, das Geschehen in seinem Sinne voranzutreiben. Am Ende des Spiels findet ein Auswertungsgespräch statt. Fragen der Realitätsnähe des Spiels, der einzelnen Rollen und Funktionen, des Zusammenwirkens, der Phantasieentwicklung – aber auch des Bezugs zur realen Gruppensituation werden dabei angesprochen.

Variation
Anstelle eines Schiffsunglücks und einer einsamen Insel kann man ähnliche Szenarien wählen (die unter Umständen einen aktuellen Bezug haben können): Flugzeugabsturz in den Anden; im Urwald verschollen; Bus streikt in der Wüste.

Hilfsmittel für die Durchführung
Um das Rollenspiel anzuregen, können Requisiten verwendet werden (Messer, Streichhölzer, eine Zeltplane, eine Notration Lebensmittel). Wird nicht im Freien gespielt, können Dias von der Insel gezeigt werden, um die Phantasie anzuregen. Auch Klanguntermalungen können gut geeignet sein, die Phantasie zu beflügeln: Geräusche eines Sturmes, heftiger Regen – aber auch: „überirdische" Musik.

Pädagogische Hinweise
Das Spiel bietet eine Projektionsfläche für die einzelnen Spieler und ihr Zusammenwirken in der Gruppe. Im Spiel kann sich der einzelne mit seinen Fähigkeiten und Verhaltensweisen erfahren und überprüfen, was davon auch in Realsituationen „durchschlägt". Das Spiel erfordert eine lockere, wenig angstbesetzte Gruppensituation, bei der die Spielfreude deutlich stärker als die analytische Selbsterfahrungsabsicht ist. Der Spielleiter sollte in vollem Umfang am Rollenspiel mitwirken (ohne sich dabei in eine Zentralposition zu manövrieren).

PAPIER TÜRMEN

Experimentierspiel, Kooperationsspiel, Kreatives Spiel
Ort: Drinnen, Gruppenraum / Klassenraum, Turnhalle / Großer Raum
Dauer: Sehr lang (über 30 Minuten)
Altersstufe: Ab 8 Jahren, für Erwachsene interessant
Gruppengröße: Mittlere Gruppe (10–20)

Beschreibung des Spiels
Die Architektenbüros der Stadt sind aufgefordert worden, innerhalb sehr kurzer Zeit ein ansprechendes Modell für einen möglichst hohen und stabilen Turm vorzulegen. Da die Stadtverwaltung nur begrenzte Mittel zur Verfügung hat, kann für das Gebäude nur eine begrenzte Zahl von Materialien verwendet werden.
Die Gesamtgruppe bildet aus jeweils 4 Personen verschiedene Architektenbüros, denen gleiche Materialien für den Bau des Modells zur Verfügung gestellt werden: Pappen verschiedener Größen und Farben, eine Schere, Lineal und Bleistift, eine Tube Papierkleber. Die Teilgruppen haben nun 15 Minuten Zeit, um sich über die Art des Modells und seine Bauweise zu einigen. Ferner müssen sie sich darüber verständigen, wer was zu tun hat. Nach diesem Zeitraum fangen alle Teilgruppen gemeinsam damit an, ihren Plan umzusetzen. Dafür stehen noch einmal 15 Minuten Zeit zur Verfügung. Nach Ablauf dieser Zeit müssen alle Arbeiten eingestellt werden.

Die Stadtverwaltung (die Spielleiterin und je ein Mitglied der Gruppen) entscheidet nun (ebenfalls in 15 Minuten), welches Modell am besten gefällt. Gleichrangige Kriterien sind 1) Stabilität des Modells, 2) Höhe des Modells und 3) Ästhetik.

Mit etwas älteren Teilnehmern ist eine Reflexionsphase sinnvoll.

Variation
Als Anlaß für Kooperationsprozesse können auch andere Gestaltungsaufgaben sinnvoll sein. Beispiel: Planung einer Zimmereinrichtung mit vorgegebenen Möbeln.

Hilfsmittel für die Durchführung
Das Material sollte bereits vor Beginn des Spiels bereitliegen, am besten in großen Umschlägen, so daß die Gruppen gleich nach ihrer Einteilung darüber verfügen können.

Pädagogische Hinweise
Die Spielaufgabe ist hier ein Stimulus für Kooperationsprozesse, die in einer Reflexionsphase bewußt gemacht werden können. Ziel ist es, das eigene kooperative Verhalten in Blick zu nehmen und zu verbessern, das Verhandlungsgeschick zu optimieren und wirkungsvoll Einfluß auf Entscheidungsprozesse zu nehmen. Bei diesen Zielvorstellungen sollte man das Spiel nur in den Gruppen anbieten, die die Zusammenarbeit in Gruppen kennenlernen möchten. Die Spielleiterin hat die Funktion einer Anleiterin und Moderatorin.

VERKNÄUELT

Denkspiel, Experimentierspiel, Kennenlernspiel, Kooperationsspiel
Ort: Drinnen, Gruppenraum / Klassenraum, Draußen, Schulhof, Sportplatz, Wiese
Dauer: Mittel (5–15 Minuten)
Altersstufe: Ab 8 Jahren, für Erwachsene interessant
Gruppengröße: Kleingruppe (bis 10)

Beschreibung des Spiels
Es werden Teilgruppen aus 3 oder 4 Spielern gebildet. Jede Teilgruppe erhält ein heillos verknäueltes dickeres Seil von etwa 10 m Länge. Zunächst soll die Teilgruppe etwa 5 Minuten darüber diskutieren, wie sie das Seil am besten entknäueln kann (ohne es zu zerschneiden). Danach folgt die Ausführung. Das Spiel kann auch im Wettbewerb gegen die anderen Teilgruppen gespielt werden. Am Ende des Spiels wird erörtert, wie die Entscheidungsprozesse in den einzelnen Teilgruppen abgelaufen sind, wie sie die Arbeit verteilt haben, wie mit Schwierigkeiten umgegangen wurde und ob „Sündenböcke" gesucht wurden, wenn es nicht so recht klappen wollte.

Variation
Anstelle von verknoteten Seilen kann man auch heillos falsch zusammengelegte Zeitungen verwenden. Günstig sind umfangreiche Wochenendausgaben.

Hilfsmittel für die Durchführung
Die Spielleiterin könnte vor Beginn des Spiels die Sage vom „Gordischen Knoten" erzählen und dann die verknäuelten Seile an die Teilgruppen geben.

Pädagogische Hinweise
Das Spiel ermöglicht das Kennenlernen von Zusammenarbeit (auch unter Wettbewerbsbedingungen). Die Spieler erfahren, wie Entscheidungen zustande kommen können, wie mit Konflikten umgegangen wird, welche Formen der Arbeitsteilung gefunden wurden. Bei älteren Spielern kann man diese Reflexionsprozesse noch verstärken, wenn man für jede Teilgruppe einen oder mehrere (in die Aufgabe eingewiesene) Beobachter vorsieht, die widerspiegeln, wie sie den jeweiligen Gruppenprozeß erlebt haben. Die Spiel- leiterin sollte eine Beobachtungsrolle einnehmen.

VERSCHWÖRUNG

Kooperationsspiel, Ruhiges Spiel
Ort: Drinnen, Gruppenraum / Klassenraum, Stuhlkreis
Dauer: Mittel (5–15 Minuten)
Altersstufe: Ab 8 Jahren, für Erwachsene interessant
Gruppengröße: Kleingruppe (bis 10)

Beschreibung des Spiels

Die Gruppe nimmt in einem Stuhlkreis Platz. Jeder muß jeden gut sehen können. Alle schließen die Augen und konzentrieren sich. Auf ein Zeichen des Spielleiters öffnen sie die Augen und schauen einen Mitspieler an. Die Kooperationsaufgabe lautet nun, daß alle im Kreis einen einzigen ansehen – ohne miteinander zu reden. Wie schnell schafft das die Gruppe? Wie läuft der „Einigungsprozeß" ab?

Variation
Bei Jüngeren kann vereinbart werden, daß auf einen Spieler gezeigt und nicht geschaut wird.

Hilfsmittel für die Durchführung
Die Spielleiterin sollte darauf achten, daß das Spiel ruhig und konzentriert gespielt wird. Insbesondere bei Jüngeren ist ein festes Ritual notwendig: Augen schließen, Augen öffnen, jemanden ansehen, sich auf einen einigen, ohne dabei miteinander zu reden.

Pädagogische Hinweise
Das recht spannende Spiel kann ein guter Einstieg sein, um Entscheidungsprozesse in der Gruppe zu problematisieren. Anhand des Spiels lassen sich bestimmte Mechanismen der Entscheidungsfindung verdeutlichen. Im übrigen bringt das Spiel Spaß, weil stets ungewiß ist, auf wen sich die Gruppe als nächstes einigen wird. Die Spielleiterin sollte in vollem Umfang am Spiel beteiligt sein und es von der Situation der Gruppe abhängig machen, ob und inwieweit Reflexionsprozesse zum Spielablauf stattfinden (man kann den Spaß am Spiel durch zuviel Reflexion deutlich vermindern). Für größere Gruppen ist das Spiel weniger empfehlenswert.

ETWAS ÜBER DIE GRUPPE ERFAHREN

ZOO

Darstellendes Spiel
Ort: Drinnen, Gruppenraum / Klassenraum, Turnhalle / Großer Raum, Draußen, Wiese
Dauer: Lang (15–30 Minuten)
Altersstufe: Ab 12 Jahren, für Erwachsene interessant
Gruppengröße: Kleingruppe (bis 10)

Beschreibung des Spiels
Die Gruppe hat die gemeinsam zu lösende Aufgabe, einen „Zoo" zu bilden. Die Spieler einigen sich, welche Tiere darzustellen sind und wer welche Rolle übernimmt: bestimmte Tiere, Zoobesucher, Tierwärter usw. Danach wird für einige Zeit Zoo gespielt. Hinterher sprechen die Spieler über die verschiedenen Phasen des Gruppenprozesses: Wer hatte welche Rolle in der Beratungsphase? Wie kamen die Entscheidungen zustande? Wer bekam welche Rolle? War jeder mit der Rolle einverstanden? Sagt die Rolle etwas über die Stellung des Gruppenmitgliedes in der Gruppe? Wie haben die Spieler ihre Zoo-Rolle gespielt? Gab es Parallelen zu anderen Rollen (im Beratungsgespräch bzw. sonst in der Gruppe)? Ist die Gruppe etwas größer, können auch Beobachter eingesetzt werden, die den Akteuren das Wahrgenommene widerspiegeln.

Variation
Anstelle eines „Zoos" können auch andere (und vielleicht auch besser geeignete) Spielvorlagen für die Selbsterfahrungsabsicht gewählt werden: z.B. „Theater" (mit sehr vielen verschiedenen Rollen), Zirkus (für jüngere Teilnehmer).

Hilfsmittel für die Durchführung
Für das Spiel ist eine lockere Atmosphäre sehr wichtig. Bei zuviel Angst treten Verkrampfungen auf, die das Ergebnis stark beeinträchtigen können. Auch bei der Ausdeutung sollte man weniger „psychologisieren" und mehr darauf achten, was die Teilnehmer über sich selbst sagen.

Pädagogische Hinweise
Das Spiel ist sinnvoll in Gruppen mit einer auf Selbsterfahrung hin angelegten Zielsetzung. Die Gruppe sollte sich untereinander schon recht gut kennen und schon einige Zeit miteinander verbracht haben. Bei konzentrierter Beobachtung und guter Auswertung können Erkenntnisse über das eigene Verhalten in der Gruppe gewonnen werden. Zoo spiegelt auf einer spielerisch-symbolischen Ebene wider, wie es in der Gruppe aussieht und welche Kräfte und Einflüsse von wem ausgehen. Das Spiel vermittelt auch Erkenntnisse darüber, wie man von den anderen in bezug auf die Gruppe gesehen wird. Der Spielleiter sollte nach Möglichkeit sich voll in das Spiel einbeziehen, jedoch sehr zurückhaltend mit eigenen Vorschlägen und Bewertungen sein.

GRUPPENBILD

Gruppenbild
Ort: Drinnen, Gruppenraum / Klassenraum, Turnhalle / Großer Raum, Draußen, Wiese
Dauer: Lang (15–30 Minuten)
Altersstufe: Ab 16 Jahren, für Erwachsene interessant
Gruppengröße: Kleingruppe (bis 10), Mittlere Gruppe (10–20)

Beschreibung des Spiels
In manchen Gruppen entstehen Fragen wie: Welche Gruppe sind wir eigentlich? In welcher Beziehung stehen die einzelnen zueinander? Diesen Fragen kann man sich durch das Spiel Gruppenbild nähern. Die Gruppe wählt ein Team von 2 oder 3 „Bildhauern". Alle übrigen Gruppenmitglieder sind das „Rohmaterial", das sich unter den Händen der „Bildhauer" in eine „Plastik" verwandeln wird. Dazu können die „Bildhauer" das „Rohmaterial" an eine beliebige Stelle setzen und beliebig verformen. Zum Schluß bauen sie sich selbst in diese „Plastik" ein. Die zu schaffende „Plastik" steht unter dem Thema „Gruppenbild mit Künstlern". Ist die „Plastik" fertig, sprechen die Spieler (von der Stelle, an der sie in der Plastik stehen) über ihre Eindrücke und Gefühle. Es sollte auch erörtert werden, ob die Auffassung der „Künstler" über die Gruppe von allen geteilt wird oder an welchen Punkten andere Sichtweisen bestehen.

Variation

Ergänzend kann auch die „ideale Gruppe" von den „Künstlern" geformt werden. Anstelle einer Plastik können auch Teilgruppen „Gruppenbilder" malen und damit in bildnerisch-symbolhafter Weise ausdrücken, wie sie die Struktur der Gruppe im Moment empfinden.

Hilfsmittel für die Durchführung

Der Spielleiter sollte den „Künstlern" genügend Überlegungszeit einräumen. Unter Umständen kann es notwendig sein, ergänzend ein zweites Team von „Bildhauern" zu beauftragen. Requisiten und Kleidungsstücke (Decken, Wollfäden, Hüte, Mäntel usw.) können den Aussagegehalt der Plastik beträchtlich erweitern.

Pädagogische Hinweise

Das Spiel ermöglicht es, Auffassungen über die konkrete Gruppenstruktur auszutauschen und zu problematisieren. Dabei geht es um Beziehungen untereinander und um Rollen, die einzelne Spieler in der Gruppe haben. Die symbolhafte Form des Spiels erleichtert das Gespräch. Das Spiel sollte in Gruppen vorgeschlagen werden, die ihre Struktur erörtern wollen. Das Spiel setzt Teilnehmer voraus, die auch für sie negative Ergebnisse verkraften können. Der Spielleiter sollte als „Rohmaterial" im Spiel mitwirken.

SCHUHORDNUNG

Ort: Drinnen, Gruppenraum / Klassenraum, Stuhlkreis
Dauer: Lang (15–30 Minuten)
Altersstufe: Ab 16 Jahren, für Erwachsene interessant
Gruppengröße: Kleingruppe (bis 10), Mittlere Gruppe (10–20)

Beschreibung des Spiels

Die Gruppe sitzt im Stuhlkreis. Zwei Gruppenmitglieder werden gewählt, um eine „Schuhordnung" herzustellen. Dazu zieht jeder seinen linken Schuh aus und stellt ihn neben sich. Die beiden „Schuhordner" verwenden die Schuhe, um damit die Struktur der Gruppe deutlich zu machen. Bedeutsame und einflußreiche „Schuhe" kommen in die Mitte des Kreises, wenig beachtete „Schuhe" an den Rand des Kreises, „Schuhe", die häufig Kontakt miteinander haben, stehen dicht nebeneinander. Die „Schuhordner" können auch verschiedenfarbige Wollfäden verwenden, um die Art der Beziehung untereinander deutlich zu machen und um Teilgruppen besonders zu kennzeichnen. Die Schuhe der „Schuhordner" werden in die „Schuhordnung" eingefügt. Im Auswertungsgespräch können die Spieler erörtern, ob die Gruppenstruktur richtig gesehen wurde, ob man sich selbst anders sieht, welche Gefühle man beim Betrachten der „Schuhordnung" hat.

Variation
Anstelle von Schuhen kann man die Spieler selbst zur Verdeutlichung der Gruppenstruktur einbeziehen. Möglich ist es auch, die Spieler zu bitten, ihren Platz selbst zu suchen. In diesem Falle empfiehlt es sich, ein für jeden selbst überprüfbares Kriterium vorzugeben, z.B. das Engagement für die Gruppe. Je höher das Engagement, desto mehr stellt sich der Spieler in die Mitte des Kreises, je geringer, desto deutlicher an den Kreisrand.

Hilfsmittel für die Durchführung
Materialien für die Schuhordnung sollte der Spielleiter zur Verfügung stellen: Wollfäden, evtl. auch Kreide. Bei der Auswertung des Spiels sollte der Spielleiter verdeutlichen, daß die „Schuhordnung" nur ein momentanes Bild über die Gruppe widerspiegelt und daß dieses Bild raschen Wandlungen unterworfen ist. Eine ausufernde Analyse der Ergebnisse ist eher schädlich als nützlich für die Entwicklung der Gruppe.

Pädagogische Hinweise
Das Spiel ermöglicht Einblicke in die Gruppenstruktur und gibt dem einzelnen Spieler Gelegenheit, seine Stellung in der Gruppe zu überdenken. Das Spiel setzt voraus, daß von den Spielern auch negative Ergebnisse verkraftet werden können. Der Spielleiter sollte voll beteiligt sein und auch seine Situation in der Gruppe nicht aussparen.

UNSER GRUPPENBAUM

Kennenlernspiel, Kooperationsspiel, Kreatives Spiel, Mal- und Zeichenspiel
Ort: Drinnen, Gruppenraum / Klassenraum
Dauer: Sehr lang (über 30 Minuten)
Altersstufe: Ab 16 Jahren, für Erwachsene interessant
Gruppengröße: Kleingruppe (bis 10), Großgruppe (über 20)

Beschreibung des Spiels
Die Gruppe (oder auch Teilgruppen bis zu ca. 8 Personen) hat die Aufgabe, einen großen GRUPPENBAUM zu erstellen, in dem alle Gruppenmitglieder einen Platz finden. Die Spieler sollten Namensschilder tragen und auf die Kärtchen Angaben zu ihrer Person machen: Hobbys, Lieblingsfächer, Freizeitinteressen, bevorzugte Urlaubsgebiete, besondere Eigenarten. Die Gruppe setzt sich in den Kreis und läßt die Kärtchen reihum wandern. Rückfragen und Gespräche schließen sich an. Nach angemessener Zeit überlegen alle gemeinsam, wie sie den GRUPPENBAUM gestalten wollen und wer an welcher Stelle seinen Platz finden möchte. So könnten sich z.B. Freunde als „Blätter" an einem gleichen Ast wiederfinden. Die Teilnehmer können auch entscheiden, ob sie sich als „Blätter", „Vögel" oder „Baumfrüchte" im GRUPPENBAUM darstellen wollen. Der fertiggestellte GRUPPENBAUM wird dann im Gruppenraum aufgehängt.

Variation
Anstelle eines Gruppenbaumes ist es auch möglich, ein Haus zu malen und jedem Gruppenmitglied einen Raum für die eigene Gestaltung anzubieten. Auch Gemeinschaftsräume sollten im GRUPPENHAUS nicht fehlen, ebenso Außenflächen, ein Garten, eine schöne Umgebung usw.

Hilfsmittel für die Durchführung
Materialien für die Herstellung des GRUPPENBAUMES sollten bereitliegen: große Bogen weißer Pappe, Tesafilm, Kärtchen, Wachsmalstifte, Buntstifte, Filzstifte, Befestigungsmaterial, Scheren, Klebstoff, alte Illustrierte.

Pädagogische Hinweise
Das Spiel bietet eine gute Möglichkeit, sich als Gruppe kennenzulernen, die Namen zu lernen und sich die besonderen Eigenarten der Gruppenmitglieder zu merken. Der Spielleiter sollte ebenfalls im GRUPPENBAUM auftauchen. Das Spiel läßt den Teilnehmern vielfältige Gestaltungsmöglichkeiten und betont den Kooperationsprozeß. Jedem Teilnehmer ist es überlassen, was und wieviel er über sich mitteilen möchte. Das Spiel läßt auf einer sinnlichen Ebene die Vielfalt innerhalb der Gruppe ebenso deutlich werden, wie das Zusammenwirken der unterschiedlichen Talente und Kräfte. Ausreichend Zeit (bis zu 2 Stunden) sollte zur Verfügung stehen. Manchmal kann es sinnvoll sein, nach Fertigstellung des GRUPPENBAUMS über den Herstellungsprozeß mit den Teilnehmern zu sprechen.

Verzeichnis der Spiele

Von sich erzählen 17

Alte Zeiten 18
Bericht eines persönlichen
Gegenstandes 20
Lebenssymbole 22
Reise in die Erinnerung 24
Trauminsel 26
Übereinstimmungen 28
Wasserverbindungen 30
Wer ist das? 32
Zauberladen 34

*Partner im Spiel
erfahren* 37

Angestiftet 38
Bild zu zweit 40
Blindbild 42
Sklavenhalter 44
Blindformen 46

*Etwas über sich
erfahren* 49

Anwälte 50
Beweg' dein Gefühl! 52
Erster Eindruck 54
Geschenkt 56
Heiratsanzeige 58
Spielleiter verzaubern 60
Tierquiz 62
Unter einen Hut
gebracht 64
Wanted! 66

Wie gemalt 68
Wortgeschenke 70

*Sich in andere hinein-
versetzen* 73

Auf der Linie 74
Heterogramme 76
Handliche Gefühle 78
Im Schneckenhaus 80
Klangvoller Name 82
Phantasieantwort 84
Vorurteile 86

*Sich in der Gruppe
erfahren* 89

Auf Wohnungssuche 90
Der Mensch ist
keine Insel 92
Deutungen 94
Familienbande 96
Gestrandet 98
Papier türmen 100
Verknäuelt 102
Verschwörung 104

*Etwas über die
Gruppe erfahren* 107

Zoo 108
Gruppenbild 110
Schuhordnung 112
Unser Gruppenbaum 114